Vidas en rojo y negro

De Toñanes a Montevideo:
una familia anarquista que
desafía al silencio

ANTONIO LADRA

Memorias (in) surgentes

Septiembre de 2024 | La Vorágine, editorial crítica

Vidas en rojo y negro es un libro de Antonio Ladra publicado en la colección memorias(in)surgentes de la Editorial La Vorágine.

ISBN 978-84-127446-0-6

Difunde, comparte, disiente

La Vorágine
Calle Cisneros, 69
39007 Santander
www.lavoragine.net/editorial/
editorial@lavoragine.net | 942 375226

A Eugenia, porque siempre va a haber palomas
sobrevolando nuestras cabezas.

Los olvidados

Los olvidados
Los que retumban en la memoria, los perseguidos
De anochecida en mitad del cerro, los exiliados
Los que jamás volvieron a ver correr a sus hijos
Las olvidadas
Las que escondían pan en el mimbre, las perseguidas
Y señaladas en todo el pueblo, las exiliadas
Las que jamás volvieron a ver correr a sus hijas
No olvidaré
Para que haya servido de algo tanto desvelo
Para que no se pierda el poema bajo el sombrero
No olvidaré
Para poder hablarle a mis hijos de los abuelos
Para que un día al fin descansen, justos, los huesos
No olvidaré
A las maestras
Que tanto hicieron por esta letra, y a las artistas
Las que burlaran a la censura, las guerrilleras
Que resistieran los bombardeos en las trincheras
Los escondidos
Por treinta años, tras un armario, los acusados
Y fusilados por sus ideas, los extinguidos
Abandonados bajo este suelo sin una rosa
Las silenciadas
Las que del miedo quedaron mudas, las que parieron
Y les privaron de la semilla, las invisibles
Hoy las nombramos pa' que su llama nunca se extinga
No olvidaré
Para que haya servido de algo tanto desvelo
Para que no se pierda el poema bajo el sombrero
No olvidaré
Para poder hablarle a mis hijos de los abuelos
Para que un día al fin descansen, justos, los huesos
No olvidaré

Pedro Pastor

La inmensidad de lo diminuto

María Zambrano aseguraba que se puede morir de muchas formas, incluso estando viva. Una de esas maneras de morir acontece, explicaba la filósofa, "cuando a nadie le podemos contar nuestra historia"[1]. Y en la mayoría de vidas anónimas, en la mayoría de historias, eso es lo que ocurre: que no hay nadie a quién contar o no hay nadie que quiera escuchar eso tan diminuto y tan prodigioso como es la vida de cualquiera.

Cualquiera no es cualquiera. Cualquiera suele tener nombre y anhelos, una morfología y gustos musicales, un amor definitivo y unas renuncias no tan determinantes. Este país, este lugar en el mundo, esta Iberia herida, tuvo unos cualquieras que eran singulares [porque no cualquiera se la juega por unos ideales, o se expone a una historia de pérdidas y dolor por defender lo que considera digno y justo].

Por eso, este libro hace que unas vidas cualquiera por fin sean contadas con detalle y, al hacerlo, la muerte retrocede, la singularidad aflora y las vidas contenidas en la familia Ladra se convierten en la historia de esos ancestros que nos hacen dignos sólo por habernos antecedido y nos transforman a nosotras mismas en cualquieras un poco muertas en vida si no tenemos una historia que contar que contenga tanta dignidad y tanta entrega como las de ellas y ellos.

La Vorágine ha querido publicar la obra de Antonio Ladra porque en ella podemos retomar el hilo del tiempo y del territorio y volver a re-armarnos de ideales y utopías. El descendiente de Sol, el pariente de Antonio, Eugenio y Mercedes, encontró el ovillo y nos entrega un extremo para que nos conectemos con lo importante, con lo diminuto, con lo inmenso pues.

En este libro no hay ficción. Sólo realidad. Pero hubo un tiempo en que la realidad pareció una utopía, primero, y una pesadilla distópica, después. La historia que nos cuenta la familia Ladra, originaria de Toñanes (Cantabria) es nuestra historia...

---

1 | Zambrano, M. *Delirio y destino*, Barcelona: Círculo de Lectores, 1989

o debería serlo. Si no entendemos esto, este libro sólo será una entrada más en el registro del ISBN. Sin embargo, si nos hacemos con ella, si la leemos con atención, si prestamos atención a lo mínimo, nos podrá hacer grandes.

Así debería ser la memoria histórica: diminuta e inmensa, devenir revelado al detalle y porvenir en construcción sin planos predispuestos.

Esta es nuestra historia.

Colectivo La Vorágine, agosto de 2024

PRÓLOGO
Una historia de los sin historia

Un poliedro gira en el aire y cae una y otra vez dejando expuestas sus diferentes caras. Y todas son perfectas. Ninguna prevalece sobre otra porque todas están al servicio de una única forma conjunta, coherente y sensible. La naturaleza del tema y el vínculo del autor con la historia podrían haber generado desproporciones entre los lados de esta figura, pero las aristas se respetan unas a otras, y es así que Ladra —el verdadero gestor poliédrico— logra conectar desde sus diversos perfiles al periodista con el hijo y a este con el investigador y al nieto con el cronista. Él abrió todas las ventanas y dejó entrar el alma tiritando con viejos documentos, y la brisa anhelante de los reencuentros familiares, y el humo que dejaron los bombardeos fascistas o los fusilamientos de ambos bandos, y el aliento tibio de antiguas fotos, o el olor penetrante y humano de los hacinamientos de las cárceles franquistas.

Antonio Ladra trabajó para escribir y escribió para recordar. Fue a investigar a España, escarbó entre la pólvora y las flores y de alguna manera sumó su pluma a la de los miles de cronistas que ya sea en forma directa, como corresponsales de guerra o desde la historia o la mismísima ficción, revisaron esta guerra que dejó en el camino 500.000 muertos, miles de presos y desterrados y los corazones al rojo vivo. Es improbable que haya existido otra causa vinculada a un estado de guerra interna capaz de sumar tantas páginas como la vieja España al borde del colapso franquista. Es que, en los hechos, se trató de la primera guerra contada por corresponsales a escala internacional, entre los que estaban George Orwell, Ernest Hemingway, Endre Ernö Friedmann y muchas mujeres que en su mayoría viajaron a la zona gubernamental por encontrar más afinidad con las políticas feministas de los republicanos: Martha Gellhorn, por ejemplo, quien compartía su vida afectiva con el autor de *El viejo y el mar*, y cuyo talento iba mucho más allá de la sombra abrasadora del Premio Nobel. O incluso aquellas que murieron en tierra española, como Gerda Taro, la primera fotorreportera de guerra

—quien compartía el seudónimo de Robert Capa con Friedmann— o Renée Lafont y Felicia Browne.

Con estas páginas, Ladra agrega su mirada personal a todas las que sobrevinieron y siguen encendiéndose al día de hoy a través de esas heridas largas y purulentas de miles y miles de poetas y trabajadores muertos, de soldados enterrados, de anónimas víctimas desconcertadas, de odios mayúsculos como dioses tenaces que no dejan ha- cer acuerdos serios de paz entre las almas. Porque quedó mucho por saber, muchas historias por ser contadas que han sido cubiertas por la tierra liviana de la ignominia, porque la descendencia quiere conocer en términos individuales y las preguntas al pasado arremeten inspiradas por el ancestro mancillado, como lo llamó el psicoanalista Marcelo Viñar.

El periodista, que se construyó como tal a través de las preguntas, inquirió, pero también lo hizo el nieto, y también el hombre que se compromete con su contemporaneidad, lo cual implica, sí o sí, viajar por el pasado. Y así, estas páginas poliédricas —distintas aristas que les otorgan un poderío único— se sumarán a otros millones, pero con su singularidad; con hechos que, aunque se parecen, no son los mismos; con rostros diferentes que representan, sin embargo, a otros tantos, y que, desde su cotidianidad, conmocionan, enternecen y arden.

El autor se mete en los pliegues de su familia y navega en el tiempo hasta los grandes naufragios, las terribles traiciones y las alegrías: Sol, Antonio, Eugenio y Mercedes, los cuatro hermanos hijos de José Manuel Ladra y Mercedes Pérez, son retratados aquí con sus historias de orfandad temprana, con su propia muerte o su cárcel a cuestas.

La vida dura de aquellos tiempos tiene su punto de partida en la Montevideo de los primeros años del siglo XX: ella, Mercedes Pérez, muy jovencita llega a esta ciudad desde Cantabria luego de pagar —una y otra vez la tenaz pesquisa del autor— 230 pesetas por un pasaje de tercera clase. Y luego llega José Manuel, quien viajó desde un puerto de Galicia, La Coruña o Vigo, en cuarta clase. La casualidad hizo que quedaran viviendo ambos sobre la rambla 25 de Agosto de Montevideo, y aunque nunca se cruzaron por obra de la vecindad, el encuentro terminó por producirse en un evento de inmigrantes, y de allií en más la atracción rápida prologó el casamiento, y este, a su vez, el nacimiento de su primer hijo: José Sol Ladra Pérez, padre del autor de este libro de profundas pasiones, de información cruda y de tibia memoria. Así es esta obra, que corre vertiginosa en los ojos y el alma de quien lee, sorprendiéndose a veces por los datos, otras por las situaciones vividas por el propio autor durante la investigación, otras por la contextualización histórica y siempre, absolutamente siempre, por las vicisitudes de esta familia con la que dan ganas de compartir el vino y el pan, el techo y el barro, las lágrimas, las ideas y el coraje.

José Sol Ladra Pérez, siendo aún muy pequeño, hizo el viaje de retorno con sus padres a una España que prometía como cualquier patria, pero que terminaría dando o quitando según su devenir y las exaltadas pasiones de sus ciudadanos. Y para los Ladra Pérez no iba a ser una excepción. España tenía guardadas en sus iglesias las señas del apocalipsis, los jinetes del fuego y de la pólvora, y en las entrañas del compromiso, en el fondo de las verdades últimas, en las cicatrices indelebles del sacrificio, también estaban las debilidades de un humanismo que no soportaba todas las pruebas y que parecía descomponerse aún en su lucha por la justicia.

Un hijo escribe sobre su padre, a fin de cuentas, y para escribir sobre su padre mira sorprendido los lugares sobre los que él no acostumbraba hablar, corre el velo de algunos silencios, quiere comprender y homenajear al mismo tiempo, y lo logra —¡vaya si lo logra!— desde su abordaje poliédrico, múltiple y fundado. No, no estamos asistiendo a un libro más sobre la guerra civil española. Estamos leyendo un libro sobre los Ladra Pérez, y en su nombre, los de tantos miles y miles que sacrificaron su vida, su juventud o su futuro en el inhumano horror de una guerra civil.

Claudio Invernizzi[2]

2 | Claudio Invernizzi es publicista, periodista y escritor uruguayo.

Introducción a la edición en España

Ellos, los Rojinegros han hecho un largo recorrido, han tejido un hilo invisible que nos une desde el convulso siglo XIX hasta este también convulso siglo XXI. Cruzaron el océano, nacieron, crecieron, soñaron, pelearon, sufrieron la cárcel y las vejaciones, se enfermaron, murieron, unos se quedaron en España. Otro, el Rojinegro mayor regresó al país donde nació, a Uruguay, donde murió.

En este siglo me interné en sus vidas junto con mi hija, la nieta mayor del Rojinegro mayor, de Sol Ladra Pérez. Y así, los Rojinegros se hicieron letras negras sobre el blanco del papel, frases, palabras y recuerdos que salieron desde abajo de la pesada losa del olvido y fueron libro, este libro que los llevó a recorrer mundo otra vez, transformados en voces, en canciones con el palpitar de sus historias.

Han sido cientos de kilómetros trillados por el país más austral de América del Sur. La bandera republicana y la roja y negra anarquista volvieron a ondear en cada encuentro, donde el amor se desparramó en audiencias que llevaban también sobre sus hombros y sus corazones los dolores del paso del tiempo y las heridas provocadas por la tropelía del fascismo en Uruguay.

Y ahora es momento de regresar. De juntar a los Rojinegros, de, al fin, poner una flor, de decirle a mi padre aquí estoy, ¡mira!, en este lugar donde te criaste y amaste, he vuelto por ti, he vuelto por Antonio y por Eugenio y por Mercedes.

Montevideo, julio de 2024

Introducción a la edición en Uruguay

Aquí van a encontrar una parte de lo que pude reconstruir de seis vidas unidas, entrelazadas por el tiempo y la sangre; seis vidas que le dan forma a una de las ramas de mi familia: los Ladra. Este libro es un intento de acercarme a las biografías de José Ladra y su esposa, Mercedes Pérez, y sus hijos, Sol, Antonio, Eugenio y Mercedes; mi padre y mis tíos, por orden de nacimiento.

Este trabajo ha sido una de las experiencias más enriquecedoras de mi vida y, a la vez, un tránsito demoledor y angustiante. Me embarqué en esta tarea como una forma de sanar heridas que habitaban en mí desde hacía mucho tiempo y que fui reconociendo a medida que avanzaba en la investigación, porque, como ocurre en toda familia, la mía está atravesada por silencios, cosas no dichas. ¿Vergüenzas? ¿Miedos? No lo sé.

He escrito esta historia por la simple convicción de que a esta altura de mi vida era mi obligación hacerlo. He sido feliz y desgraciado. Me reí, lloré, de golpe me encontré hablando solo, haciéndome preguntas, mirando fijamente durante largo rato la copia en papel de una foto amarilleada por el tiempo, en la que se ve a mi padre, mi abuela, mi tío Antonio, mi bisabuela Celestina, mi tío Eugenio, mi abuelo José y mi tía Mercedes.

Me propuse internarme en vidas que no conocí, salvo la de mi padre, aunque incluso en la suya me encontré con sorpresas. Para ello acudí a archivos, a documentos, a cartas y a mi memoria, a la de mi prima Elena, que soltaba en cuentagotas datos y nombres a medida que sus recuerdos afloraban ante mi insistencia, muchas veces agobiante.

He acometido esta historia como si los protagonistas fueran los actores principales del drama de la España del siglo xx, como si en Sol, Antonio y Eugenio habitara un Buenaventura Durruti y en Mercedes una Federica Montseny. Y así descubrí que estas vidas, en apariencia sin nada particular, la de un carpintero o unos labradores, hombres y mujeres provenientes de un pueblo insignificante perdido en Cantabria, pueden ser las historias más apasionantes del mundo, en tanto funcionan como un espejo brillante, biselado, una difracción tonal del turbulento siglo xx.

Hace más de cuarenta años escribí un poema corto, apenas unas líneas, que aún guardo. Está hecho con una vieja máquina de escribir que también conservo. Ese poema nunca llegó a las letras de molde porque no tenía objeto, referencia alguna, hasta este momento:

con esta persistencia de no olvidar
voy a llenar todas las formas posibles
de hacer mil veces
de diferente manera
lo mismo

Montevideo, marzo de 2023

1
Sol

A eso de las 10 de la mañana de aquel domingo 18 de noviembre de 1984, como hacía todas las mañanas desde el comienzo de la primavera, Sol Ladra Pérez salió un rato al balcón de su casa sobre el bulevar Batlle y Ordóñez a tomar el fresco y también para distraerse un poco.

Vestido con una polera marrón y detrás de unos aparatosos lentes de gran aumento —aquellos que llamábamos culo de botella—, recién operado de cataratas, se sentó en una silla de cármica[3] oscura a observar, como podía, desde el balcón de su apartamento del primer piso, el movimiento de la calle. El edificio azul era el más alto de la cuadra. Allí estaba Sol cuando sintió primero algunas voces, gritos coordinados y banderas rojas y negras que ondeaban, mientras una multitud se desplazaba despacio. Era el cortejo fúnebre de Adolfo Wassen Alaniz, un joven guerrillero tupamaro que había muerto en el Hospital Militar por un cáncer que nunca fue tratado debidamente. La camioneta negra que encabezaba la larga caravana llevaba en sus entrañas un cajón simple, envuelto en una bandera, y encima una parva de flores de todo tipo, apiladas como se podía, tratando de que no cayeran al suelo.

A Adolfo Wassen Alaniz le decían El Nepo, tenía apenas 38 años y era uno de los rehenes de una dictadura uruguaya que para esos días ya tenía fecha de vencimiento, pero aun así no aceptó darle la libertad anticipada para que pudiera morir en su casa, ni siquiera cuando Wassen Alaniz hizo una huelga de hambre. Tampoco cuando miles y miles de voces pedían por su amnistía. Ni cuando desde todas partes del mundo llegaron petitorios

---

3 | Término uruguayo para denominar lo que en el Estado español se conoce como fórmica. [Nota de la editorial]

para que, en sus últimas horas como dictador, Gregorio Álvarez demostrara un poco de humanidad y le diera a El Nepo la posibilidad de morir con los suyos. No hubo caso. Wassen murió preso. Solo así fue liberado. Lo dice un documento oficial de la dictadura: «Liberado el 17 de noviembre de 1984 por fallecimiento».

Sol, ya enfermo, casi ciego, vio las manchas rojas y negras de las banderas en la calle, borroneadas por la luz de la mañana, flameando en la suave primavera, y escuchó aquellas voces que pronunciaban palabras que él no llegaba a discernir. Aquello lo trasladó en el tiempo y en el espacio, medio siglo atrás y al otro lado del océano, a los años 30 en Santander, en su lejana Cantabria, al Frente Norte, donde luchó en defensa de la República española contra la sublevación militar liderada finalmente por Francisco Franco.

Su memoria, ya frágil en ese tiempo, cedió. Hacía muchas décadas que había abandonado España. Mucho tiempo desde que había abandonado la tradición de su nombre cristiano, José, para llamarse plenamente Sol. La sonrisa que también lo había abandonado hacia un tiempo le floreció en el rostro. Y el canto, igualmente abandonado, regresó: empezó con una voz, finita y débil a entonar aquel himno anarquista que solía corear con sus hermanos.

Negras tormentas agitan los aires
nubes oscuras nos impiden ver.
Aunque nos espere el dolor y la muerte
contra el enemigo nos llama el deber.

—¿Qué pasa, hombre? —preguntó Pilar desde la cocina, que hacía mucho tiempo que no lo escuchaba cantar.

—Oye, Pilar, al fin hemos triunfado. He visto flamear las banderas rojas y negras, hemos triunfado —respondió.

Después, Sol dejó el balcón, entró en la casa apoyado en un bastón de madera sobado en el mango de tanto uso; se dejó caer en su sillón de cuerina marrón y se durmió.

En la vieja radio Philips a válvula sonaban Los Churumbeles de España que cantaban «El beso».

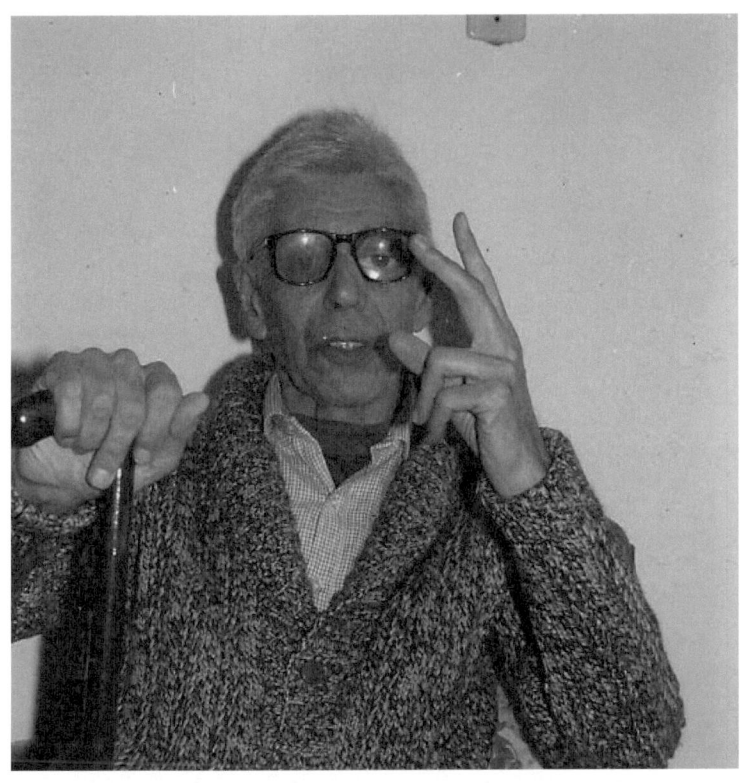

Sol Ladra Pérez, en Montevideo en el invierno de 1983.

2
Antonio

Aquel que ha sentido una vez en sus manos temblar la alegría
no podrá morir nunca.
Morirán los que nunca jamás sorprendieron
aquel vago pasar de la loca alegría.
Pero yo que he tenido su tibia hermosura en mis manos
no podré morir nunca.
Aunque muera mi cuerpo, y no quede memoria de mí.

El muerto, José Hierro

Me llamo Antonio por Antonio.

Me llamo Antonio Ladra Carlos porque soy hijo de Sol Ladra Pérez y de Pilar Carlos Quinteros.

Me llamo Antonio en honor y en recuerdo de Antonio Ladra Pérez, porque así se llamaba mi tío.

Antonio Aníbal Ladra Pérez nació en Cantabria, en un caserío llamado Toñanes, a 33 kilómetros de Santander el 13 de febrero de 1917 y fue el segundo de los cuatro hermanos Ladra Pérez. El mayor fue mi padre, Sol, que no nació allí, sino en Montevideo. Antonio, entonces, fue el primero que nació en Toñanes, después vino Eugenio, el 19 de julio de 1918 y, al final, el 21 de enero de 1920, Mercedes.

Muy de cuando en cuando, mi padre me contaba sobre la vida en aquella España de la esperanza, me hablaba de sus hermanos, pero también de las privaciones, del miedo, de los juegos y las bromas de niños que vivían sin apuro, al aire libre. Las mayores previsiones las debían tomar cuando, para ayudar a su abuela, llevaban las vacas a pastar, las propias y las de algún vecino, y tenían que huir de las víboras que se mimetizaban entre las piedras de los barrancos. A veces ordeñaban alguna vaca que andaba por ahí, despreocupada. Él y sus amigos se tiraban en el pasto a tomar esa leche recién extraída, todavía tibia, y después, si había buen tiempo iban hasta el acantilado y desde allí bajaban corriendo y se zambullían en el mar.

Cuando tenía 15 años, Antonio le dio un susto mayúsculo a la familia: tuvo que ser llevado de apuro a la Casa de Socorro, medio muerto, ahogado, vomitando sangre, con una espina de una trucha clavada en la garganta. Se salvó por poco. En el centro de salud lo atendieron con urgencia y lograron sacar la espina sin mayores complicaciones. Este accidente lo tranquilizó un tiempo, hasta que pasó a ser una anécdota más, pero fue noticia al punto de quedar reflejado en la edición del 10 de julio de 1931 del diario *El Cantábrico*. Después, con el paso del tiempo, Antonio olvidó la espina y volvió a las andadas y hasta se animó a acompañar a su hermano Sol hasta el acantilado de El Bolao, el mejor lugar para pescar, según dicen, aun hoy, los entendidos.

«Era alegre, el más bromista. Mira, Toñín, a Antonio le gustaba escandalizar: una vez se paseó por el pueblo con una escupidera enlozada, comiendo con las manos una especie de batido con trigo o maíz. El solo verlo hizo que muchos que se imaginaban lo peor y arrugaban el ceño, gritaran "¡Qué asco, qué asco!", mientras Antonio reía y les decía: "Pero si es nueva, si está sin uso"», contaba mi padre.

Ya de grande, Antonio fue el más valiente y rebelde, el que le escupió el rostro al cura cuando, delante del pelotón de fusilamiento, le fue a dar la extremaunción. «Era un mozalbete que tenía gran fuerza y era también el más sensible».

Y yo me lo traté de imaginar. Durante mucho tiempo me lo dibujé como un hombre de rostro fiero, de expresión dura, pero recién en 2022, cuando conseguí un grabado de su cara hecho con grafito por su gran amigo Juan Díaz de la Campa —quien lo firmó el 20 de abril de 1937 en Quintanaentello, un pequeño poblado de Burgos—, pude descubrir cómo era Antonio. Ahí estaba, al frente de su batallón, de rostro suave, mirada cálida.

Igual traté de imaginar algo más de ese joven labrador vestido de paisano, con una camisa blanca de cuello grande que llevaba los tres primeros botones desprendidos. Traté de imaginar cómo se enfrentó a ese pelotón de cuatro soldados que debieron cumplir la orden de tirar y matar al rojo. Y lo vi allí, en el patio del cuartel, bien peinado, con el pelo corto, bien afeitado, como si se hubiera alistado para salir a pasear.

Pasear. En la Guerra de España se decía que a alguien lo sacaban a pasear cuando lo iban a matar sin juicio alguno. Lo hicieron los franquistas y lo hicieron los republicanos, también. Así de sanguinaria fue esa guerra.

A Antonio lo sacaron a pasear tras un juicio que llevó adelante un juzgado de guerra. No había mucha diferencia entre los paseos sin juicio y los que lo tuvieron. Lo condenaron a morir y no hubo nada que torciera ese designio, ni las cartas al obispo que, con rabia, firmó su hermana, mi tía Mercedes Ladra. Ese fue el último intento para frenar la muerte de Antonio. No hubo caso.

Lo fusilaron.

Era demasiado anarquista para los falangistas triunfantes de la Guerra Civil española. Fue teniente de la milicia del batallón 107, mucho más que demasiado para los franquistas. Dijeron que era integrante de alguna de las Chekas de Cantabria que perseguía y mataba a quienes no eran republicanos[4]. Nada de eso se probó nunca y, a pesar de ello, lo condenaron a muerte y nada pudo detener tal designio, ni siquiera el testimonio a su favor de al menos dos personas del bando sublevado.

Quizás la verdadera razón fue que Antonio era homosexual.

Y sufrió por ello con los de izquierda, porque lo ocultó, y con los de derecha, porque durante la guerra y una vez instaurada la dictadura de Franco, los homosexuales fueron perseguidos.

Paul Preston cuenta en Arquitectos del terror que, en agosto de 1938, Franco autorizó al psiquiatra Antonio Vallejo-Nágera a crear un laboratorio de investigaciones psicológicas para identificar los factores ambientales que fomentaban el «gen rojo»:

---

4 | *Cheka* o *checa* es la contracción de una expresión proveniente del ruso Chrezvichàinaia Komissia —Comisión Extraordinaria—, creada en el año 1917 en Rusia, que designaba en su origen a una rama de la policía bolchevique que se convirtió en el brazo armado del gobierno de Lenin durante el "Terror Rojo", encargado de la represión a los sospechosos de ser contrarrevolucionarios. Durante la guerra española, las chekas fueron las responsables de capturar y juzgar de forma expeditiva a los sospechosos de afiliarse al bando franquista.

vínculos entre el marxismo y la deficiencia mental donde se mezclaban, además, como elementos contaminantes de la pureza de la raza española, las cepas judías y la degeneración sexual[5].

A Antonio lo mataron porque alguien, por venganza personal, un motivo tan arbitrario como extendido en aquel tiempo desamorado y sin ley, lo señaló por ser homosexual, un pecado mayor para los falangistas, para la recta moral y la esencia sagrada del pueblo español. El que levantó el dedo acusador conocía ese secreto íntimo y sabía que develarlo era un camino directo a la muerte.

El día que lo mataron, el 10 de julio de 1941, Antonio se plantó firme, con la mirada desafiante ante el secretario de la cárcel que le leyó la condena, punto por punto. "Le notifiqué en forma legal la sentencia recaída en su causa por lectura integra de la misma, asi como la resolución del excelentísimo señor general jefe de esta jurisdicción, en que se da por aprobada la sentencia de pena de muerte impuesta, poniendo al procesado en Capilla, en el lugar para ello designado, a lo que se negó. Doy fe".

Igualmente se lo puso en Capilla. El reloj marcaba la una y media de la tarde, le reiteraron que podía solicitar auxilio espiritual pero se negó. Tres horas lo tuvieron entre santos, rosarios, biblias y un cura insistente que le quería dar la extremaunción. Tres veces se lo ofreció y tres veces se negó, a la tercera le escupió.

A las cuatro y media de la tarde "en las tapias del cementerio de Ciriego, lugar designado para ejecutar la sentencia de pena de muerte en la persona de Antonio Ladra Pérez se procede a la misma por fusilamiento, siendo posteriormente reconocido el cuerpo del reo por el Alférez médico Luis de la Fuente Campano". Lo ejecutaron las fuerzas de la Comandancia 119 Rural de la Guardia Civil.

La frialdad del documento, de la diligencia burocrática, exime de más comentarios. Los sentenciados a la pena máxima son un número más, dejan de ser una persona, son los irrecuperables.

Ochenta y dos años pasaron para saber dónde está enterrado Antonio. En una fosa en Ciriego, el cementerio municipal de

---

5 | *Arquitectos del terror: Franco y los artífices del odio.* Paul Preston, Debate, España, 2021.

Santander. Durante todo este tiempo fue un desaparecido, no de los recuerdos, pero sí de la vida civil, esa que implica que si los familiares queremos colocar una flor en su recuerdo no tenemos donde hacerlo. Pero ahora, como me dijo mi prima Elena, cuando le di la noticia, «reconforta saber donde está».

Antonio Ontañón hizo una inmensa investigación que luego dejó plasmada en su libro Rescatados del olvido. Fosas comunes del cementerio civil de Santander. Allí dice que el 93% de los fusilados fueron inscritos en el registro del cementerio como "desconocidos". Entre ellos está Antonio Ladra Pérez aunque, según los documentos, se dejó todo bien especificado. Y esa fue la última maldad del régimen: lo enterraron como un desconocido.

Ahora lo sé: Antonio Ladra Pérez está en el cementerio de Ciriego, enterrado en una fosa desde las cinco de la tarde del 10 de julio de 1941.

Antonio Aníbal Ladra Pérez, retrato
fechado el 20 de abril de 1937, realizado en
Quintanaentello por su amigo
Juan Díaz de la Campa.

3
Eugenio

—¡Ey, ven pra'cá, ven pra'cá! —el vozarrón
de Eugenio tronó en pleno centro de La Coruña.

Era el 18 de junio de 1990, yo había llegado a las cinco de
la tarde, cansado y hambriento luego del largo viaje que había
comenzado en Stuttgart a bordo de los rapidísimos y modernos
trenes alemanes, que fueron haciéndose más lentos a medida que
me acercaba al destino. Primero atravesé París bajo un fuerte
aguacero, con Vallejo en la mente, luego seguí hasta la frontera
Irún-Hendaya. Pasé una noche en Bilbao y en la mañana partí
rumbo a La Coruña.

En los andenes de la estación de ferrocarril de San Cristóbal, en
La Coruña, me encontré por primera vez con Eugenio Ladra Pérez,
mi tío. Por casualidades, o por obra del destino, ese día se cumplía
un año y un día de la muerte de mi padre. Me fundí en un abrazo
con su hermano, a quien no conocía sino por una vieja foto en
blanco y negro, una imagen que siempre me atrajo y que incluso
miraba a escondidas. En esa imagen sobresalía una persona que
me decían que era mi tío, un hombre grande vestido con un traje
oscuro, zapatos negros y medias bien blancas, como la camisa,
adornada con un moñito, que después supe era una corbata paja-
rilla. Eugenio estaba sentado en el brazo de un sillón, en el medio
estaba mi padre y del otro lado el que supongo que era el tío de
ambos, Celestino Pérez Calderón, al que le decían Tinón.

Aquel 18 de junio, Eugenio me llevó a su casa, un apartamento ubicado sobre la calle General Sanjurjo —y aquí escuché su primera imprecación ¡mecaguendiez! —, uno de los más
sanguinarios generales golpistas, acólito de Franco.

En el apartamento, pequeño, sencillo y muy acogedor, Eugenio vivía con su esposa, Elisa Álvarez Franco, a quien conocíamos como Licha, una gallega cariñosa que me recibió como si me conociera de toda la vida y me zampó unos bocadillos de jamón que hasta el día de hoy recuerdo. Después me tiré a descansar y dormí de un tirón hasta el día siguiente, cuando luego de un opíparo desayuno salí con Eugenio a recorrer la ciudad.

Íbamos caminando tranquilamente, a la sombra, por la vereda de la fábrica de tabacos, cuando de repente mi tío cruzó la calle, transformado. Él, que caminaba de manera pausada, bamboleándose, dio dos zancadas con un asombroso ímpetu juvenil y en un instante estuvo al otro lado de la calzada. Desde allí me demandaba a los gritos que hiciera lo mismo.

–¡Ey, ven pra'cá, ven pra'cá! ¡Toñín, ven pra'cá, ven pra'cá!

Confundido, crucé la calle y le pregunté, alarmado, qué era lo que pasaba.

Eugenio señaló la vereda de enfrente, donde avanzaba un cura de sotana negra con el que nos íbamos a enfrentar cara a cara si no hubiéramos cruzado la calzada.

–¿No ves que ahí viene ese? Y yo no camino por donde van esos hijoeputa.

La antipatía de Eugenio a la sotana y a la cruz era de larga data. Se acentuó con los años de guerra y aún más cuando vio, las veces que estuvo en la sala para los tuberculosos de la Prisión Central de Tabacalera en Santander, que a sus compañeros agonizantes los curas del Opus Dei, colaboradores de los falangistas, les metían un crucifijo en la boca para que murieran con dios en su cuerpo.

Elisa Álvarez Franco (Licha) y Eugenio Ladra Pérez en
La Coruña 1976.

4
Mercedes

En un hogar lleno de hombres, el 21 de enero de 1920, llegó Mercedes. Mercedes Inés Ladra Pérez se crio en Toñanes, en la casa que hoy está a la vera de la carretera que lleva a Santander. Allí viven Claudín y Cayuca, un amoroso matrimonio que me recibió con un vaso de refresco en el caliente verano cántabro de julio de 2022.

En los años sesenta esa casa fue comprada por Claudio Cano Abascal, el padre de Claudín, luego de publicar en el boletín oficial de Santander una cédula de citación a través de la cual se exhortaba públicamente a que se presentaran los causahabientes del último registro de la vivienda: Celestina Calderón Ramos, Aurelia y Genoveva Pérez Calderón, Antonio, Eugenio y mi padre, José Ladra Pérez. Al final, fue Eugenio quien, enterado de dicha petición, dio su firma para la venta del inmueble.

— ¡Ay qué bueno que era Eugenio y Licha también! —me dijo Claudín.

Y Cayuca agregó:

—Yo no quiero llamar allá (a Elena, la hija de Mercedes Ladra) porque tengo miedo; no sé si Licha vive…

—No, mujer, ella vive, pero está muy viejita —la interrumpe Claudín antes de que yo pueda decirle que, efectivamente, Licha estaba en una residencia de personas mayores, ya con 99 años.

Pero un mes después de haber estado con Claudín y Cayuca, el 24 de agosto, debí enviarles un mensaje anunciándoles la muerte de Licha, mi tía, la de los bocadillos, la compañera de gran parte de la vida de Eugenio. Yo me había enterado de la muerte de Licha a través de un escueto mensaje de mi prima Elena que me sumió en la tristeza, porque con Eugenia, mi hija, teníamos previsto ir a visitarla, sabiendo que corríamos contra lo previsible: «Hoy hemos enterrado a Licha, Antonio», decía el mensaje de mi prima.

Mercedes, la menor de los Ladra de Toñanes, creció libre de cuerpo, pero esencialmente de intelecto, porque en su casa así los criaron sus padres, primero, y su abuela, después. Cuando en el verano de 2022 recorrí Toñanes me pareció ver a Mercedes: estaba allí correteando por el acantilado del Bolao, por los campos bien verdes, entre vacas que deambulaban pastando lo poco que deja de tierra la superficie rocosa de la costa cántabra. Allí va Mercedes, corriendo contra el viento que sopla con fuerza, con los brazos abiertos, y allí va Antonio, también, cuidándola, agotado de seguir a su hermana. De pronto se detiene, ya cae la bruma y pronto va a anochecer. Vuelve a correr y les hace burla a dos burros, sus vecinos de la cuadra, pasa por el puente romano —que no es romano, pero en Toñanes todos lo llaman así hasta hoy—. Y entre vacas y burros, pasto, viento y mar, con la ida diaria a la escuela y el cuidado de sus hermanos, una vez que demasiado pronto quedaron huérfanos, transcurrió la niñez de Mercedes Ladra.

Después de la muerte de su madre y de su abuela, Mercedes creció rápidamente y ya siendo una adolescente se empapó de la nueva sensibilidad que trajo la República y que caló en la familia Ladra. Ella vio cómo Sol, Antonio y Eugenio se integraban a las organizaciones de anarquistas, a la Confederación Nacional del Trabajo - Federación Anarquista Ibérica (CNT-FAI), y ella misma, con pocos años, en camino a la mayoría de edad, no dudó en apoyarlos. Y no lo hizo desde el lado tradicional, el de los quehaceres de la casa, el único reservado para la mujer en aquellos años. Muchos historiadores y cronistas de aquellos tormentosos tiempos han dicho que las mujeres callaron cuando sus hombres —padres, maridos o hijos— fueron al frente. No fue el caso de Mercedes, que claro que sufrió, claro que lloró a escondidas, claro que padeció, pero lo enfrentó con las armas que tenía: la palabra, aquella que aprendió en la única escuela que había en Toñanes y que había llegado con la República, la escuela que le faltó a su hermano mayor, que era semianalfabeto y que terminó de aprender a leer y a escribir en la cárcel.

Una tarde del mes de julio de 2022, de las más calurosas que he vivido, estando en Barcelona luego de haber recorrido la geografía actual del Toñanes, descubrí con asombro un trabajo realizado por la escritora y antropóloga cántabra Araceli González Vázquez sobre las Juventudes Libertarias, en particular sobre las de Cóbreces/Alfoz de Lloredo. En ese artículo, la autora dio a conocer el perfil de una mujer anarquista cántabra, Mercedes Ladra Pérez, sí, la misma Mercedes, mi tía, la hermana de Sol, de Antonio y Eugenio; aquella Mercedes, una hermosa mujer de cejas arqueadas y notoriamente cuidadas, con labios finos, bien definidos y una mirada que va desde lo dulce a lo fiero sin escalas. Me imagino que debe haber levantado oleadas de admiración, no solo por inteligencia y su valentía, sino también por su belleza. Una mujer sola en medio de la guerra, tan joven que aún no había cumplido los 18 años.

En ese artículo está glosada una nota del diario *El Cantábrico* del mes de abril de 1937 que anunciaba la realización de un acto anarquista, una doble sesión de conferencias que se celebraría el miércoles 21 de abril a las ocho de la tarde en el Ateneo Libertario de Torrelavega. Este acto iba a dar comienzo con una conferencia de Antonio Herrera titulada "La rebeldía de la juventud", tras lo cual Mercedes Ladra se iba a encargar de hablar «de las obligaciones que tienen las mujeres en estas circunstancias en que se está conquistando la Libertad», en una conferencia titulada "La misión de la mujer en los momentos actuales".

De acuerdo con el historiador Miguel Ángel Solla, hubo hasta 47 mujeres militando en *Despertar libertario*, la agrupación femenina de las Juventudes Libertarias de La Montaña. Según Araceli González, Mercedes Ladra debió haber estado vinculada a la actividad sindical cenetista y anarquista, y por ello ha de haber formado parte de las Juventudes Libertarias de Cóbreces, como dice *El Cantábrico,* o de Alfoz de Lloredo.

«Las noches son frías en las regiones montañosas, el clima duro puede golpear la salud de las tropas y milicias. Os llamo a las mujeres a confeccionar jerséis y prendas de lana para preservar del frío y la humedad a nuestros milicianos. Aquí en La Montaña podemos colaborar organizando el trabajo para acompañar el esfuerzo que realizan nuestros milicianos», dijo en la conferencia Mercedes Ladra, según el registro de *El Cantábrico*[6].

Quedó también un registro más exhaustivo en Acracia[7], el semanario de las Juventudes Libertarias del Norte que comprendían las de Asturias, León y Palencia, y que se publicaba en Gijón. Allí se cuenta que el acto comenzó con una presentación que hizo «el camarada Barquín —Carlos, integrante del Comité de la Federación de Juventudes Libertarias de Torrelavega—, que habló de la evolución de Ia mujer desde el período matriarcal hasta los tiempos modernos, y luego de hacer esta síntesis, concede la palabra a la compañera Mercedes Ladra».

La nota explica que Mercedes «expuso la necesidad [de las mujeres] de sustituir al hombre en las labores de retaguardia, de sufrir los dolores de esta cruenta lucha con estoicismo. Si hacemos eso, añade, conquistaremos la Libertad. Dice que es preciso la superación intelectual de la mujer y explica algunos de los procedimientos para adquirir cultura: funciones de teatro, conferencias, novelas de autores eximios, Ateneos como el que poseemos, etc.». Termina diciendo que las mujeres deben hacer lo enumerado para que, «cuando nuestros guerrilleros vengan de los parapetos, donde muchos de ellos habrán dejado su sangre en aras de un Ideal sublime, vean su gloriosa obra completa».

El corresponsal de *El Diario Montañés*, citado por Acracia, escribió: «La compañera Mercedes Ladra es de todo punto [de vista] culta e instruida, a la vez que muy capacitada para la peroración que hizo; al terminar el acto fue muy aplaudida al igual que los otros oradores».

Esa fue la única referencia que encontré sobre la militancia política de Mercedes. Es que cuando se desató la Guerra y sus hermanos se alistaron en las milicias para defender a la República, ella quedó sola en Toñanes y ya no habló más, se recluyó en un silencio doloroso. De hecho, cuando le conté a Elena sobre el hallazgo de Araceli, para ella fue una sorpresa total: «Mi madre nunca me contó nada de eso». Llegó a poner en duda que fuera la

---

6 | *El Cantábrico*, 20 de abril de 1937.

7 | *Acracia*, 15 de mayo de 1937.

misma Mercedes Ladra, pero por todas las señales no hay duda alguna: «Deben haber sido cosas de sus hermanos», aventuró luego.

El accionar de Mercedes no debería llamar a la sorpresa. Un periodista uruguayo, Luis Alfredo Sciutto —que firmaba con el seudónimo Wing—, que cubrió la Guerra para el diario *El Pueblo* y no ocultó su simpatía con el bando sublevado, veía así a las mujeres republicanas: «Chicas de la Nueva Sensibilidad que tomaron la guerra como un sport, como una oportunidad más para convencerse que son libres, dueñas de su vida, capaces de rivalizar con el hombre»[8].

En la edición de *La Voz de Cantabria* del 18 de noviembre de 1936 se publicó un llamado del Hogar del Miliciano de Torrelavega para que se presentara Mercedes Ladra porque había ropa y encargos a su nombre provenientes del frente de batalla, donde sus hermanos que están defendiendo a la República.

Es que Mercedes también participaba de tareas benéficas y asistenciales, no solo ayudando a sus hermanos, sino con la petición de donativos para ayudar a los familiares de los combatientes.

Luego de la derrota de la República, Mercedes se fue a vivir a Galicia, a la ciudad de Viveiro, donde fue acogida por su tía Mari Pepa (Josefa Ladra Insúa), hermana de su padre, hasta que se fue a vivir a una casa en la calle Rego da Fonte, 4. En esa tierra de veranos amables e inviernos largos, lluviosos y ventosos, casi sin sol, se enamoró y se casó con José Goas Sánchez, con quien tuvo cuatro hijos: Mercedes, la primogénita, José Antonio —a quien le decían Toñín—, Roberto José y Elena. Y mientras tanto, siguió adelante con su tarea revolucionaria, como ella misma decía: ayudar a sus hermanos y, sobre todo, tratar de salvar a Antonio de ser fusilado.

No lo logró.

Así, siendo muy joven, Mercedes padeció experiencias dolorosas: un hermano fusilado, otro exiliado después de haber escapado de una muerte casi segura y el tercero recorriendo España, de un campo de concentración a otro. Y aunque

---

8 | Niall Binns. "Aventura y aprendizaje", en Wing (Luis Alfredo Sciutto). *Un testimonio uruguayo sobre la Guerra Civil Española.* (Universidad Complutense de Madrid).

Mercedes no era una persona notoria, sino apenas una mujer dedicada ahora a las labores de su hogar, vivió en primera persona acontecimientos oscuros de la historia española.

A pesar de ello, Elena, su hija, me contó que una de sus frases de cabecera fue siempre: «No juzgues con dureza», una frase que condensa la fortaleza de una mujer que fue testigo del heroísmo de sus hermanos, pero que también supo de la cobardía de aquellos que se permitían mentir para salvar su pellejo, aun a costa de la vida de sus compañeros.

Mercedes Inés Ladra Pérez, Viveiro, alrededor de 1938

5
El año de la muerte

El año 1941 marcó profundamente la vida de los santanderinos; a la acuciante situación fruto de la guerra se le sumó que durante el primer mes la región sufrió unos días de temperaturas tan bajas como no se habían registrado nunca, incluso con nevadas. La desgracia fue aún mayor en febrero, cuando un tremendo temporal con viento sur se abatió sobre la ciudad, provocando un gran incendio. Para ese momento, los hermanos Ladra Pérez ya estaban presos: José y Eugenio en la Cárcel Central de La Tabacalera y Antonio en la Prisión Provincial de Santander, en la celda número 2, a la espera de que se cumpliera su sentencia de muerte, según se había decretado en el sumarísimo 23.848.

El temporal fue como una manifestación de lo que estaba ocurriendo en las cárceles y campos de concentración de la ciudad, donde se mantenía recluidos a miles de jóvenes, algunos de los cuales esperaban a ser fusilados, mientras otros padecían enfermedades de todo tipo, que en muchos casos se convertían en penas capitales disfrazadas, aunque los captores alegaran que aquel sufrimiento era un designio divino, consecuencia de haber abjurado de la cruz y por haber enfrentado al caudillo por la gracia de dios.

Ocurrió el sábado 15 de febrero, por la tarde. Primero sopló un viento un poco más fuerte que lo normal, hasta que la furia de la naturaleza se desató y fue imparable. Dicen que llegó a haber ráfagas de más de 150 kilómetros por hora. El viento abatió árboles, tiró paredes, estallaron vidrios y algunos barcos surtos en el puerto se golpearon con tal furia entre ellos y contra los muelles que en pocos minutos desaparecieron de la superficie, hundidos en las frías aguas del Cantábrico. Pero lo más grave se desató en la madrugada, cuando empezó un fuego en una vivienda de la calle Cádiz, que ardió como una yesca, y esa mezcla de fuego y viento fue imposible de detener y arrasó con una buena parte del centro de la ciudad.

Según la Reseña Estadística de la Provincia de Santander, esa noche el fuego se llevó 377 edificios y 1.783 viviendas, dos plazas, seis iglesias y conventos, unos 508 comercios, 155 bares y pensiones, nueve imprentas y la sede de dos periódicos. Más de diez mil personas quedaron sin hogar.

Y a pesar de que el incendio se extendió sin control, lo que bien hubieran querido los fascistas no ocurrió: el fuego no llegó a las cárceles. La Tabacalera y la Prisión Provincial de Santander aguantaron el embate de las llamas y el viento. Fue un milagro, pero no de dios.

Lo que no pudo ser frenado fue la condena a muerte de Antonio Aníbal Ladra Pérez.

Su hermana, Mercedes, con apenas 21 años, vivía en Viveiro, Lugo, en la casa de su tía Mari Pepa, y desde allí movió todas las influencias a su alcance para tratar de detener el ajusticiamiento de Antonio.

Encontré una carta de Ángel García, el íntimo amigo de Antonio, y su compañero más cercano en el batallón 107, sin fecha, pero que debe ser de fines de 1940, y dirigida a «Merceditas» donde le contaba sobre la situación de los hermanos Ladra Pérez y las posibilidades que tenían de ser liberados en cuanto se hicieran las gestiones pertinentes.

Dice Ángel que «José está a disposición del juez adjunto de Santoña, sumario 20.886. La última vez que vino a tomarle declaración le dijo que sería muy fácil, que saldría en libertad provisional, [y] como no tiene causa creo que lo podrás conseguir muy fácil».

«Genio [Eugenio] se encuentra en diligencias previas, con el sumario 20.878, tampoco tiene mucha causa porque a un amigo de él, que se le acusa de lo mismo, le condenaron a seis años y un día con propuesta de tres años, así que en caso de que vaya a Consejo de Guerra le condenarán a lo mismo».

Ángel cuenta entonces el caso de Antonio:

…Toño la puede tener peor. Como sabrás estuvo en el batallón 107 en la cuarta compañía, de teniente. En la primera compañía de dicho batallón mataron a un tal Jesús Ezquerra que intentaba pasarse al enemigo. Cuando vino el juez a tomarle declaración, esto hace unos dos meses, se le acusaba de haber comandado la patrulla que cometió el hecho. Sus declaraciones fueron que ni en su compañía, ni en su posición había ocurrido nada y por lo tanto ni conocía a dicho individuo, ni tenía noticia del hecho, como es cierto, porque como dijo anteriormente, se encontraba en otra posición, que según manifestaciones del juez el episodio ocurrió a unos seis kilómetros aproximadamente. En vista de esto [el juez] no se atrevió a procesarle.

Por si no fueran suficientes sus declaraciones para desvirtuarlo, hemos escrito una carta a Juan Díaz de la Campa, que estaba con Toño, y este no tiene inconveniente en salir de testigo. Este chico es de Comillas, podrías hacerle una visita exponiéndole los casos y veremos lo que se resuelve, además, cuando vayas a visitar a Toño, le dices que te dé las señas de otro que estaba con él, que vive en el Soto de la Marina muy cerca de aquí. Este es ahora jefe de la Falange y tu hermano se portó muy bien con él durante el Movimiento. Yo no sé las señas, pero no dejes de hacerlo porque ya veis lo que puede suponer.

La carta de Ángel demuestra que en un pueblo tan chico a veces las distancias ideológicas, si bien persistían, no se trasladaban a lo personal, aunque poco tiempo antes los involucrados hubieran estado inmersos en una guerra. Muchas veces eran más importantes los conocimientos personales, los comportamientos de unos y otros. Juan Díaz de la Campa fue ante todo amigo de Antonio, hizo un retrato en grafito de él que, como dije, es la única imagen que conservo de mi tío. Juan Díaz de la Campa había nacido en Comillas y era casi diez años mayor que Antonio, sin embargo, trabaron una fuerte amistad que incluso se trasladó al frente de batalla cuando durante la guerra participó como soldado del batallón 107 de Santander a las órdenes del teniente Antonio Ladra Pérez, a pesar de provenir de una familia de derechas, devota religiosa.

Antes de la guerra, De la Campa ya era un artista destacado en Santander por sus trabajos en acuarela y grafito, así como por sus esculturas y las escenografías que montó para varias obras de teatro y zarzuelas que se exhibieron en toda Cantabria y más allá, en Barcelona. Justamente en esa ciudad, en el parque Cervantes hay un monolito de su autoría en homenaje a la escritora santanderina Concha Espina[9], la única española que estuvo tres veces nominada al premio Nobel de Literatura. A pesar de su talento, Concha tampoco entró en la Real Academia Española de la Lengua, por una sola razón: ser mujer. Así era aquella España.

El monolito en homenaje a Concha Espina, religiosa hasta los tuétanos, al igual que Juan Díaz de la Campa, no hizo sino demostrar el cambio que el artista tuvo en su posicionamiento político-ideológico tras su liberación, de apoyo decidido al gobierno franquista, luego de haber estado enrolado en las milicias republicanas. Juan Díaz de la Campa testificó a favor de Antonio cuando este se lo solicitó, pero no fue suficiente. Era muy difícil salvar a un hombre que no era lo que requería la España franquista: «mitad monjes, mitad soldados».

En un documento fechado el 18 de marzo de 1938, elaborado por el jefe del falangismo de Alfoz de Lloredo, el municipio que engloba siete pueblos: La Busta, Novales, Cóbreces, Oreña, Rudágüera, Cigüenza y Toñanes, no se ahorran adjetivos para caracterizar a Antonio. Así era visto por el régimen: "es de pésima conducta moral y política, elemento peligrosísimo, fue afiliado a la FAI, pistolero, marchó en los primeros momentos del Movimiento al frente rojo, siendo teniente del batallón 107, se cree autor de la muerte de un tal (Jesús) Ezquerra de Torrelavega, hizo toda clase de persecuciones a elementos de derechas".

El alcalde de la ciudad de Torrelavega hizo otro informe sobre Antonio: "fue en esta ciudad Guardia Municipal, estuvo en el frente rojo, llegando a la graduación de teniente, se tienen noticias de que ha intervenido en varios asesinatos en esta ciudad,

---

9 | María de la Concepción Jesusa Basilisa Rodríguez-Espina García, también llamada Concha Espina, nació en 1869 en Santander. Fue la séptima hija de diez hermanos. Escritora y periodista prolífica, es difícil de enmarcar su trabajo en un género literario concreto. Fue poeta, cuentista y novelista. En sus trabajos, sobre todo las novelas, hay mucho de denuncia social, naturalismo y exaltación de la figura de la mujer como trabajadora y valiente, pero desde su posición ideológica, apoyó al falangismo decididamente, hablaba más de lo abnegado de la mujer, sumisa a sus maridos y de su dedicación a las tareas del hogar, que de la liberación.

hizo registros y detenciones. Desafecto en todo al Glorioso Movimiento Nacional".

Y asi fue, un informe tras otro, sumando cargos y adjetivos: Un informe de la delegación de información de Torrelavega lo señala como integrante de la policía "checa" y desde ese lugar conducía presos por las noches y los hacia desaparecer y dicen que era un refinado asesino.

En cada hoja informativa que se iba agregando al expediente aumentaba la peligrosidad de Antonio. Para el quinto folio ya era de "espíritu chulo y matón, (…) conducta moral pésima, (…) indigno de vivir en la Nueva España, además de peligroso criminal".

Con estos antecedentes estaba más que claro que el régimen falangista no iba a hacer caso a ninguna de las peticiones que tramitó Mercedes para evitar la pena capital que recayó sobre Antonio, con quien hubo un especial ensañamiento, puesto que en casos similares se sentenció a los acusados a condenas de 30 años, como máximo.

Antes del juicio, esa parodia que se montó en este caso y en muchos otros, a lo largo y ancho de toda España, Antonio ya estaba sentenciado.

La violencia fue un elemento esencial en la dictadura franquista. La máquina del franquismo tenía el mecanismo represor engrasado. El nuevo régimen asentó la 'Nueva España', la España 'de la Victoria', sobre los huesos de los vencidos. El saldo es terrorífico: 150 mil fusilados, 30 mil desaparecidos, robo de bebés, cerca de medio millón de personas pasaron por los campos de concentración, donde eran obligados a realizar trabajos forzados. Decenas de miles debieron exiliarse, otros muchos miles de maestros y funcionarios fueron apartados de sus puestos y se persiguió a homosexuales y lesbianas.

El franquismo fue implacable con los republicanos, manteniendo el Estado de Guerra casi una década desde el final de las batallas, hasta 1948, con el funcionamiento a pleno de los Tribunales Militares de Responsabilidades Políticas y los de Represión de la Masonería y el Comunismo. La cultura del silencio y del miedo se extendió por toda la península y no hubo pueblo que no fuera escudriñado por algún agente del gobierno. El miedo sobrevolaba hasta las ciudades más pequeñas: miedo a los soplones, a los odios personales. Toda pequeña desviación era castigada. El régimen no lo permitía, y claro, siempre tenía rinocerontes[10] dispuestos a servirle. Así fue que muchas de las muertes en los paredones, después de culminada la guerra española, se sustentaron en las delaciones mediante las cuales otros acusados buscaban salvarse, reducir su pena o, simplemente, hacerse de algún dinero.

"Ya sabes que el causante de mi desgracia es Bernardino Gutiérrez Aguirre, así como José Manuel Lavín Marque y Jesús Bezanilla, para que no quede en la incógnita y sepas quizás en día no muy lejano que por ellos sucumbí", así escribió Antonio en la última carta dirigida a Mercedes, antes de enfrentar el pelotón de fusilamiento en julio de 1941.

Antes, en marzo, Antonio le escribió a Mercedes una carta respondiendo otra que le había enviado su hermana donde ella le contaba que ya se había ido a vivir a Lugo. Y allí, con delicadeza, le confiesa cómo pasaba esos días tras la ruptura con Ángel.

Me alegro mucho de tu nuevo destino porque siempre es un incentivo para tu estancia en esa [...] Nena, no te había dicho nada de la partida de Angelín, porque aún estaba muy reciente la impresión que me produjo la separación: me costó lágrimas impregnadas de ese fraternal cariño que nos había familiarizado hasta el punto de llorar como un niño. ¡No me da vergüenza el decirlo, querida Nena!, pero para qué hablar de esto, lentamente voy reaccionando y ya me encuentro fortalecido. Otra vez [me] he incorporado al ambiente donde tan fácil es adaptarse a las circunstancias, porque como todo es eventual, nos acostumbramos a todo.

10 | *Rinocerontes* (1959), obra escrita por el dramaturgo rumano-francés Eugène Ionesco. Es una obra asociada al Teatro del Absurdo y escrita en un período de posguerra; funciona como una alegoría mediante la cual se reflejan las ideas y acciones de los regímenes totalitarios. El argumento gira en torno a un pueblo francés donde habita Berenger, un hombre que representa la antítesis de la sociedad que lo rodea. Cuando un grupo de rinocerontes invade su pueblo, este individuo se verá enfrentado, de manera exponencial, al resto de los habitantes e intentará mantener su integridad a toda costa mientras ve cómo todos sus colegas, amigos, e incluso su amada, se convierten en rinocerontes.

Estando presos Sol y Eugenio, Mercedes se transformó en el paño de lágrimas y el enlace entre Ángel y Antonio. El propio Ángel le hizo saber a Mercedes de su dolor por la disolución del vínculo: "Yo sentí mucho nuestra separación y a él le pasó lo mismo, pero qué vamos a hacer, las circunstancias mandan". A raíz de un pedido realizado por Mercedes, Antonio relata en una carta la rutina de quien ya es un condenado a muerte, que debe contar los días de vida que le quedan sin abandonar su vida de preso. "Me levanto voluntariamente a las siete, un poco madrugo porque me gusta pasear al aire libre temprano", media hora después, desayuna "no con la frugalidad que querría hacerlo, pues sencillamente no lo hay". Y luego el almuerzo, "un caldo aguado", muchas veces de nabos podridos.

Antonio es un condenado a muerte que vive hasta el último hálito de vida y en su mente pasa revista a sus errores, sus pensamientos vuelven sobre sus responsabilidades y proyectan la libertad que alcanzará cuando muera y salga, por fin, del infierno, de esa espada de Damocles que pende sobre su cabeza, el día en que deberá estar frente a sus ejecutores. ¿Será una pesadilla o una forma de escapar?

Nadie puede ayudar a un condenado. Ya está determinado su final, una hora sigue a la otra, igual, el reloj, implacable, marca los minutos y así día tras día, noche tras noche, pero, ¿será mañana?, ¿la semana que viene?, ¿el mes que viene?, ¿en primavera o ya en el verano? Un día, al levantarse, puede encontrar colgada de la reja de la celda, donde comparte espacio, aire y dolor con otros condenados, todos hacinados, hambrientos y sin luz, la hoja donde consta la fecha de su muerte. Y, mientras tanto, nada cambia la rutina, las ganas de crecer intelectualmente que tiene Antonio, un labrador que se vinculó con artistas y actores, que hace planas, una tras otra, para mejorar su letra, forma y contenido, y allí va a las diez y media a la escuela hasta las doce "en que salgo otra vez a pasear", comenta. "A la una comemos y a las tres y media vuelvo otra vez al colegio hasta las cinco, que nos retiramos para cenar a las siete y acostarnos a las nueve que es cuando me concentro en mí mismo para pensar en nuestra suerte: ¡qué feliz sería a tu lado, hermanita! [...] tu presencia fortalecería mi estado de ánimo y mitigaría mi sufrimiento si tuviera alguno".

Y la fecha llegó: 10 de julio de 1941, esa fecha que para mí, una vez que la encontré en los documentos se convirtió en una obsesión a tal punto que la soñé escrita así, sin espacios, toda junta, como una unidad: milnovecientoscuarentayuno, el año de la muerte de Antonio Aníbal Ladra Pérez, el hijo de José Manuel y de Mercedes, hermano de Sol, de Eugenio Enrique y de Mercedes Inés, el año en que fue asesinado por el régimen franquista.

Poco más de un mes antes, el 3 de junio, hubo una última gestión ante el Auditor de Guerra de Bilbao pidiendo justicia para Antonio. Mercedes presentó un certificado de un soldado, llamado Serafín Calvo Vega, relativo a la conducta de Antonio eximiéndolo de la acusación de la que fue objeto, sin suerte alguna.

Serafín Calvo Vega era de Cóbreces, ya conocía a Antonio, "no teniendo ni amistad ni enemistad", que "sabía que era de ideas izquierdistas él y sus hermanos, y que cuando fue movilizado por los rojos lo destinaron al batallón 107 y allí encontró a Antonio Ladra Pérez como sargento y luego fue ascendido a teniente y que en ese sentido puede decir que siempre fue un compañero de una conducta intachable".

Tampoco la hubo en un postrer ruego hecho por Mercedes ante el obispo de Pamplona, Marcelino Olaechea Loizaga, quien, si bien era conocido por su espíritu tradicional y de rigurosa moral en las costumbres, no dejó pasar en silencio la dura represión sufrida por la izquierda. Mercedes se dirigió al obispo en una carta del 6 de julio, que, tal como me alertó Elena, que conocía muy bien la letra de su madre, ella no escribió, aunque sí la firmó:

Ilustrísimo Señor, con el ánimo embargado por el dolor y la tristeza, pero al mismo tiempo con una gran esperanza puesta en la Misericordia Divina, ya que de un milagro se trata, me dirijo a Usted con una súplica: Un hermano mío, llamado Antonio Ladra Pérez ha sido condenado a la pena capital en juicio celebrado en Santander el día 25 de mayo del año corriente (1941) y recluido en la prisión Provincial de Santander celda N.º 2[...] no se me oculta cuán decisiva puede ser la intervención de su alma en favor de la vida de mi hermano, por eso le ruego respetuosa y encarecidamente interceda a la mayor brevedad para conseguir su indulto, ya que la sentencia está firmada desde el día 4 del corriente mes para su próxima ejecución.

Quien escribió la nota echó mano a toda la artillería retórica propia de la misericordia religiosa y estampa una frase que bien podría caber en cualquier manual del perfecto cristiano: "es gracia que espero angustiosamente de la inagotable caridad cristiana de su alma".

Ni la gestión ante el Auditor de Guerra ni la presentada ante el obispo dio frutos. Antonio tuvo que prepararse para la ejecución y lo hizo con un trozo de papel, una pluma y la tinta que le dieron en la cárcel para cumplir con el último deseo de un condenado. Escribió una carta, con trazos firmes y claros, sin titubear, con frases llenas de coraje, dignidad, amor y también con algo de poesía, a través de las cuales procuró que su hermana no sufriera por su muerte.

Escribir esa carta fue un nuevo ejercicio de rebeldía frente a sus asesinos, los que denostaban la inteligencia y daban vivas a la muerte. El contenido de esa carta, que la censura de la cárcel debió leer, y que durante muchos años Mercedes tuvo guardada, demostró que en el escrito de un joven labrador anarquista latía con vigor la frase de Miguel de Unamuno: "Venceréis, pero no convenceréis". Estas son las palabras de Antonio, no las últimas, pero sí las que él quiso que fueran guardadas en la memoria familiar, y que ahora comparto:

> En mis últimos momentos de existencia te dedico estas líneas llenas de ternura y cariño: no quisiera que me llores, porque no hay necesidad; contra el destino no hay quien se oponga. Hay que ser fuerte y saber arrostrar los embates de la vida [...] Estate orgullosa que con toda entereza y pulso firme te escribo el último recuerdo que conservarás siempre contigo como símbolo de nuestro cariño; de igual forma que tú ocupas mi pensamiento en el último instante de mi vida.

A Angelín, Genio y José les dejo mi recuerdo inextinguible y lo mismo que tú, ocuparán mi pensamiento cuando llegue el último instante de mi vida. Nada puedo ofrecerte, solo que recojas mi postrera voluntad. [...] Entrega esta (carta) a Angelín cuando puedas para que la lea, así como a Genio y a José.

Fuertes abrazos a Angelín, Genio y José, y tú recibe mi cariño hasta más allá de la muerte.

Firma: Antonio

Posdata: Muero con la serenidad que los momentos actuales exigen: ánimo para seguir luchando hasta el fin. Imitar, no llorar.

Con cariño os abraza.

Antonio.

«POR ELLOS SUCUMBÍ»

'Quintas' se le llamaba al sistema de reclutamiento usado en el siglo XIX, por el cual debía prestar servicio militar un quinto de los hombres en edad para hacerlo, que se designaba por sorteo. El reclutamiento podía evitarse pagando una exención o enviando un sustituto. La 'redención a metálico' osciló durante muchos años entre las 1.500 y las 2.000 pesetas: quien pudiera pagar ese dinero quedaba libre del 'deber patriótico', de modo que los jóvenes de familias adineradas podían elegir entre hacer o no el servicio militar, mientras que para los de extracción humilde la única forma de librarse era incurrir en delitos.

La injusticia del sistema de las Quintas se prolongó hasta 1912, cuando se terminó con la posibilidad de evitar el servicio militar, aunque el llamado a filas conservó el nombre por el que se lo conocía popularmente.

El miércoles 30 de octubre de 1935 salió publicado en la prensa matutina de Santander, los diarios *El Cantábrico* y *La Voz de Cantabria*, un llamado de Quintas para la zona de Torrelavega. "Se ruega a los individuos que se indican a continuación se presenten en el Negociado segundo de este Ayuntamiento, por asuntos que les interesan". En el listado de 52 personas aparece Bernardino Gutiérrez Aguirre, quien también había sido condenado a la pena capital luego de la guerra, en una sentencia del 10 de junio de 1940 que al final le fue conmutada. Igualmente, por lo menos al 31 de mayo de 1941, seguía detenido en la Prisión Provincial de Santander.

Lo que dijo Bernardino Gutiérrez Aguirre

Bernardino Gutiérrez Aguirre era un vecino de Cóbreces y estaba preso en la cárcel de Torrelavega. Cuando fue detenido fue acusado de haber participado en la muerte del soldado Jesús Ezquerra, "un entusiasta y digno español". Gutiérrez Aguirre señaló a Antonio como el responsable: "Yo me hallaba prestando servicio cuando vi a uno que trataba de pasarse a las filas Nacionales y siendo cabo tuve que dar parte de lo que ocurría, saliendo en su busca y cogiéndole. Era (Jesús) Ezquerra, de Torrelavega, más tarde lo fusilaron, estando entre los asesinos Antonio Ladra Pérez".

Los nuevos dichos de Bernardino Gutiérrez Aguirre

En una carta que presentó Mercedes ante el Auditor de Guerra, en procura de detener la condena a muerte de Antonio, pide que se lea con especial atención un documento firmado por Bernardino Gutiérrez Aguirre, el que, dice, "puede motivar una apreciación distinta de los hechos imputados".

Afirma Gutiérrez Aguirre en su carta, que "con el fin de que la verdad sea susceptible de aclarar extremos relacionados con el recientemente condenado a muerte Antonio Ladra Pérez, jura por Dios y por su fe de cristiano (…) que en absoluto cabe motivo alguno de conocimiento a ciencia cierta para someterle al rigor de una inculpación, porque, recuerda perfectamente, que el expresado Antonio Ladra se encontraba en una posición alejada de donde ocurrieron los hechos" que llevaron a la muerte de Jesús Ezquerra. Finaliza expresando que "quiere presentar una formal protesta por no haber tenido la oportunidad de declarar la verdad en cuanto al extremo consignado".

A pesar de lo importante y clave que resultó ser la carta que antes solo conocía Mercedes, y que ahora sabemos de su existencia y contenido, al que ni siquiera Antonio accedió, el jefe de Servicios de la Prisión Provincial de Santander simplemente la recibió la selló y no le dio curso.

Otro de los señalados por Antonio en su carta a Mercedes, José Manuel Lavín Marque, según los documentos, debió haber cumplido su pena atenuada por haber señalado a Antonio como responsable de la muerte del soldado Jesús Ezquerra como ya se vio. Pero antes, en marzo de 1937, ya en plena guerra, fue el responsable de hacer una colecta de dinero entre sus compañeros del batallón 107 para auxiliar a un colega herido, Rafael Campo Lerín, que había perdido una mano durante un enfrentamiento en Burgos. Para el año 1952 Lavín Marque se encontraba viviendo en Salamanca y, por ser responsable de una familia numerosa, recibió apoyo del Estado, según un listado dado a conocer en el diario *El Adelanto*. Ya en 1975 otro llamamiento público, por desconocer su domicilio, esta vez de Santander, lo incluye en un listado como moroso, por una deuda total de 1.121 pesetas, por concepto de contribución urbana.

Lo que dijo José Manuel Lavín Marque

José Manuel Lavín Marque era de Liérganes, municipio cántabro. En su declaración dijo que conocía a Ezquerra porque como él había sido "forzado a integrarse al batallón 107". Dijo que Ezquerra "repetía constantemente que como Ladra Pérez lo había visto en concentraciones de Acción Católica tenía miedo que lo matara en algún momento. Y sobre el caso específico de la muerte de Ezquerra, él podía decir que Ladra Pérez se jactaba de ello, aunque no lo vio ejecutar al soldado".

Jesús Bezanilla Ruiz, quien fuera animador de fiestas, también cumplió su pena atenuada luego de haber sido integrante del batallón 107 donde revistaba Antonio, y ya con el gobierno de Franco asentado, nada se supo de él.

Lo que dijo Jesús Bezanilla Ruiz

Jesús Bezanilla era de Santander y declaró que conocía a Ezquerra de quien dijo "ser amigo". Respecto al asesinato o paseo, testificó que "se enteró del episodio porque escuchó que Bernardino Gutiérrez se lo dijo al comisario" del batallón 107 cuando estaba acostado y éste "pensaba que estaba dormido". La prueba de que Antonio Ladra fue el asesino es que "después del hecho pasó, de ser sargento, a ser teniente". Bezanilla culminó su testimonio diciendo que Ladra Pérez "es un elemento peligroso e indigno de vivir en la Nueva España".

El asesinato de Antonio Ladra Pérez se consumó. Esa carta de Gutiérrez Aguirre, diciendo todo lo contrario sobre la actuación de Antonio y arrepentido de sus primeros dichos, que fueron la excusa perfecta para abrir un expediente sobre un hombre "indigno de vivir en la Nueva España", sirven ahora para revindicar su nombre. Con todo, Bernardino Gutiérrez Aguirre no fue parte de los que hizo sucumbir a Antonio.

El recuerdo y la memoria se construyen todos los días, permanentemente.

7
Desde Galicia y desde Cantabria

El 28 de enero de 1887 nació en un pueblo de Cantabria llamado Oreña, Mercedes Pérez Calderón, hija de Celestina Calderón Ramos y de Florencio Pérez. Luego de Mercedes, la pareja tuvo tres hijos más: Celestino, Aurelia y Genoveva. Antes de 1898, la familia se mudó a Toñanes. Ese fue *el año del desastre*[11], tal como se lo llamó en la prensa de la época: España había perdido la guerra con Estados Unidos por el control de Cuba y atravesaba una crisis social y alimentaria de tal magnitud que en Cantabria recurrieron al apoyo de los propios españoles para ayudar a la clase trabajadora, al menos, a conseguir el pan. Entre una larga lista de aportantes voluntarios aparece Celestina Calderón Ramos, con 0,25 pesetas. En su casa, al parecer, aunque no sobraba nada, tampoco faltaba, y podían ejercer la solidaridad.

A 330 kilómetros de Toñanes, en Cillero, al norte de la provincia de Lugo, el 16 de febrero de 1886, nació José Manuel Ladra, el sexto hijo de Casilda Insúa y de Antonio Ladra. Los hermanos de José Manuel fueron Josefa, Lola, Casilda, Carmen y Eugenio.

Mercedes y José no se conocerían sino hasta principios del siglo XX y no en España sino en Uruguay, cuando fueron parte de los dos millones y medio de españoles que se fueron de

---

11 | El año 1898 es señalado como el fin del imperio español. La guerra entre Estados Unidos y España se extendió entre abril y agosto de aquel año. En el tratado de París del 10 de diciembre, España quedó obligada a conceder la independencia a Cuba y a ceder a Puerto Rico, Filipinas y Guam a Estados Unidos. El historiador Tomás Pérez Vejo, autor de *3 de julio de 1898. El fin del imperio español* (2020), afirma que "el Desastre es el origen de la mayor parte de los traumas españoles [...] la España contemporánea empieza con la crisis del 98. Esta fecha simbólica marca más que el fin del siglo XIX, el principio del XX, puesto que es causa y origen de muchos de los grandes problemas de esta centuria particularmente dramática".

España, ya bajo el reinado de Alfonso XIII[12]. Revisé 23 carpetas de fechas anteriores a agosto de 1913 y vi miles de nombres: españoles — "hespagnoles", así lo vi escrito más de una vez— de Vigo, Barcelona, Bilbao, Palma, Villagarcía, La Coruña; franceses de Marsella y Burdeos; italianos de Trieste y Génova; ingleses de Southampton, incluso oriundos de Noruega. Eran canarios, vascos, gallegos, catalanes, piamonteses, calabreses, sicilianos, suizos, alemanes, armenios, rusos y turcos. Vi muchos apellidos: García, Iglesias, Pose, Salazar, Rodríguez, Gutiérrez, Dinelli, Pérez, Prieto, Piccioli, Paradela, González, López, Martínez. Eran jóvenes, muy jóvenes, otros de mediana edad; algunos estaban casados, otros eran solteros; había mujeres, hombres y niños. Había carpinteros, labradores, jornaleros. He leído nombre por nombre, he buscado a José Ladra Insúa, he buscado a Mercedes Pérez Calderón. ¿En qué barcos vinieron?, ¿qué día?, ¿con quién?, ¿desde dónde?, ¿Mercedes vino de Santander?, ¿José vino de La Coruña? No encontré sus primeras huellas en Uruguay, cuando se bajaron de los barcos. Se escabulleron entre los registros hechos en grandes hojas. Ellos, mis abuelos, hicieron la misma travesía que otros miles de abuelos y bisabuelos de los que hoy viven en Uruguay y en Argentina. Busqué sus nombres grabados a máquina o a mano, entre otros nombres escritos con letra clara o apenas borroneada, busqué en las listas de pasajeros que están guardadas en el Archivo General de la Nación. Busqué en carpetas apiladas, una hoja con otra, dobladas, rotas. Ahí, en esos

---

12 | Se considera que la emigración española a América fue uno de los fenómenos migratorios más prolongados de la historia: desde finales del siglo XV hasta principios del XX. Pero el mayor flujo se produjo a partir de la década de 1880, con la llamada "emigración en masa" a ultramar, que se prolongó hasta la crisis de 1929 y llegó a su cima en los años previos a la Primera Guerra Mundial. A principios del siglo XX, en mayo de 1902, con 16 años, Alfonso XIII accedió al trono de España, lugar que ya tenía reservado desde que había nacido. Cosas de la realeza. Su padre, el rey Alfonso XII, falleció inesperadamente en 1885, con 27 años, y, mientras tanto, la reina María Cristina de Habsburgo ejerció la regencia hasta que el elegido cumpliera la mayoría de edad. Durante su reinado, España se sumió en una crisis sin precedentes. Era un país atrasado, muy pobre, sin industria, salvo en el País Vasco y Cataluña, con apenas 19 millones de habitantes, una esperanza de vida de 34 años y una mayoría de analfabetos. La situación se agravaba entre el campesinado. El principal apoyo del reinado de Alfonso XIII fue la Iglesia y el ejército, una alianza que perduraría. Con ese panorama, para los jóvenes la emigración se convirtió en la única vía de salida para cambiar una vida que parecía predestinada a la pobreza, como las de sus padres y abuelos.

miles de nombres, están las huellas de los que llenaron de gente al país, los que en su mayoría surcaron el océano como pasajeros de tercera clase… ahí están, letra por letra, uno a continuación de otro, sus nombres, sus sexos, sus edades, sus profesiones. Sus señas particulares están escritas en hojas con olor a viejo, ajadas, secas, amarillentas.

No los encuentro. Pienso que se perdieron, que las hojas en las que estaban sus nombres se rompieron por su uso, porque hubo otros antes que yo que también buscaron las huellas de sus familiares. No me frustró no encontrar esos datos de mis abuelos, porque sé que llegaron a Uruguay, que se conocieron aquí, que aquí se casaron y tuvieron un hijo, que más tarde partieron desde aquí de regreso a España, para cerrar el círculo de ese flujo sanguíneo familiar que fue y vino del norte al sur, del mar Cantábrico al Río de la Plata tres veces en menos de cincuenta años.

La memoria familiar, que es siempre una verdad íntima, pero pocas veces una verdad admitida fuera del círculo de la parentela más cercana —e incluso allí, expone fisuras, lagunas y olvidos—, dice que Mercedes fue la que llegó antes a Uruguay, que juntó los magros ahorros que tenía su familia para escapar al nuevo mundo. Hacía poco que había fallecido su padre, Florencio Pérez, y su madre, Celestina, apenas podía sobrevivir con los cuatro hijos. Con grandes dificultades y más privaciones de las que podía sufrir, Mercedes logró reunir las 230 pesetas que costaba un pasaje de tercera clase, más una peseta de impuestos para llegar a Uruguay.

¿Cuál fue su razón para emigrar a Uruguay? Es un misterio. Quizás hubo algún familiar que la convenció de emigrar. Pudo ser Enrique Pérez, quien, como veremos más adelante, cumplió un papel importante en su vida, o pudo ser algún otro Pérez, familiar que, según vi en los archivos, salió de Santander y también se estableció aquí.

Es plausible que Mercedes haya descartado Brasil por la barrera que impone el idioma y Argentina porque Buenos Aires haya parecido inabarcable para aquella labradora que tenía una sola idea en su mente, escapar de la pobreza y la miseria a la que parecía estar condenada.

Con la llegada de Mercedes Pérez a Uruguay comenzaba a escribirse una parte de una historia, esta historia, la de los Ladra Pérez. La primera mención del apellido Pérez Calderón en España se produce en el siglo XIX y su origen no deja de ser curioso, porque a la mayoría de los campesinos del centro del país se les dio oficialmente el apellido Pérez Calderón, como una forma de reconocimiento oficial y de legitimación, pero también de señalamiento de su modesto origen.

Después de Mercedes —de acuerdo con el lábil recuerdo familiar—, se produjo la llegada de José Ladra, quien debe haber salido del puerto de La Coruña o de Vigo. Tenía 21 años cuando llegó a Uruguay junto con las corrientes emigratorias que salían a desbandada desde España para evitar los largos años de servicio militar y los peligros que suponía tener que participar en las guerras que libraba España en aquel momento, la principal, en Marruecos.

En su tierra se había negado a hacer el servicio militar. En marzo de 1907 sale publicado en el boletín oficial de Lugo una requisitoria y el anuncio de que ya se le iba a instruir un expediente de prófugo. José Ladra Insúa era el número 51, de un listado de 67 jóvenes de Vivero que no se presentaron al "llamado y clasificación de soldados de reemplazo". José siguió los pasos de su hermana Josefa y su cuñado Laureano Goas Río.

Es muy curioso el periplo de Laureano y Josefa. Laureano, siendo muy joven viajó a Uruguay. Una vez instalado en el país entabla una relación epistolar con Josefa y deciden casarse. Laureano viaja a España para la ceremonia y luego regresa a Uruguay junto con Josefa. Instalados en Montevideo, tienen dos hijas, América y Enma, pero comienzan a tener problemas de dinero, aunque no tanto, porque la suerte golpea en su casa y ganan mil pesos con la lotería. Regresan definitivamente a España, a Viveiro, y tienen tres hijos más Alberto, Carmiña y Anselmo.

Josefa jugará más adelante, luego del fin de la guerra de España, un papel importante en el cuidado de la familia Ladra Pérez.

Mientras tanto José, que ya vivía en Uruguay, solo pudo participar del casamiento de su hermana Casilda a través de los augurios de felicidad que seguramente envió al aire. El 29 de abril de 1909, "ante los altares de Vivero unieron su suerte la bella señorita Casilda Ladra Insúa y el joven e ilustrado Maestro superior, nuestro antiguo convecino Evaristo Usero Fojo", publicó El Correo Gallego, para aquella época el decano de la prensa de Galicia.

Es muy poco lo que se habló en la familia sobre el periplo de ambos jóvenes que llegaron a Uruguay cada uno por su lado. Para ellos, que nunca habían salido de su terruño, debe haber sido un viaje que los marcó, por su duración y por las condiciones en que lo hicieron, contenidos en un barco con gente desconocida que, igual que ellos, abandonaban su país en busca de una vida mejor. Se cuenta que lo primero que les llamó la atención fue advertir la existencia de gente de color cuando ambos barcos tocaron puerto en África, en Dakar. Aquellos jóvenes negros, de cuerpos contorneados y espigados, con dentaduras blancas como marfil, brillantes, los sorprendieron. Nunca habían visto gente de piel diferente a la suya y seguramente no sabían de su existencia.

Pero más allá de esa anécdota, para ambos el viaje no fue precisamente un paseo. Los peligros que acechaban en el propio barco de pronto hacían olvidar las privaciones que habían vivido en tierra. Viajar en la clase inmigrante suponía convivir con las enfermedades de todo tipo que traían los pasajeros que compartían la bodega del barco. La suciedad, el hedor, la humedad y el ruido continuo de los motores hicieron de la travesía un verdadero infierno, tanto como las altas temperaturas que comenzaron a sufrir al acercarse al ecuador, a las que ni Mercedes ni José estaban acostumbrados. A ello hay que sumar la mala alimentación y para Mercedes estaba la agravante del avance constante, muchas veces de manera violenta, de hombres que no admitían que una mujer los rechazara.

Las recomendaciones que se le hacían a los inmigrantes eran ilustrativas de los inconvenientes que se podían sufrir en un viaje tan largo, cerca de un mes y medio, en algunos casos. Se los exhortaba a no llevar en el equipaje de mano "sus armas de fuego, así como armas blancas, para evitar contiendas a bordo; limitar el equipaje de bodega a vestidos, ropa blanca y objetos de uso personal y de trabajo, y evitar introducir materias inflamables y explosivas, ropa sucia, líquidos y comida, pues su descomposición da lugar a la formación de gusanos que echan a perder la ropa; la higiene, no siempre tomada en cuenta, era primordial porque, si el emigrante se lava poco, o no se lava nunca, el dormitorio tiene mal olor y este se hace inaguantable cuando algún perezoso, en lugar de ir al retrete, vierte aguas menores y mayores en el pavimento; el mareo un mal endémico de esa larga travesía debía ser combatido comiendo limones que deberá llevar el emigrante a la mano porque a bordo escasean mucho, así como arrojar sobre un trapo o pañuelo, si el vómito es inevitable, para no contribuir aún más a corromper la atmósfera del dormitorio"[13].

Cuando Mercedes y José llegaron a Uruguay, seguramente debieron pasar primero por una revisión médica, aunque en general ya estaban prontos, despiojados y vacunados. En la familia nunca se comentó que alguno de los dos haya sido enviado a la Isla de Flores para hacer cuarentena, como ocurrió con otros miles de inmigrantes.

Aparentemente, Mercedes recibió apoyo del gobierno uruguayo y fue alojada en La Casa de Emigrantes u Hotel de Emigración. Este edificio, que muy probablemente estuvo situado frente a la bahía de la desaparecida playa Bella Vista, en el oeste de la ciudad, tenía como objetivo "fomentar la llegada de inmigrantes y se le ofrecía a su llegada, habitación, alimento y abrigo; procurándole asimismo colocación y trabajo, en armonía con sus aptitudes, edad y sexo"[14].

13 | D´Ozouville, L.: "La tutela del emigrante español", 1915. Citado en *Pasajeros de tercera clase. La odisea migratoria trasatlántica a través de las Memorias de viaje de los Inspectores de Emigración*, de Blanca Azcárate Luxán y J. Julio Rodríguez Hernández.

14 | La Casa de Emigrantes u Hotel de Emigración "formó parte del fomento y apoyo a la inmigración durante el gobierno de José Batlle y Ordóñez, impulsor de la modernización del Uruguay. El funcionamiento en general del hotel era, en su normativa, muy similar al que había en Buenos Aires. El hotel proporcionaba alojamiento gratuito por un máximo de cinco días, transcurridos los cuales debían pagar treinta centésimas de peso diario los mayores de quince años, y quince centésimas los de cinco a quince años de edad". En Oliva Gerstner, L. "El alojamiento de inmigrantes en el Río de la Plata, siglos XIX y XX: planificación estatal y redes sociales". *Biblio 3W Revista Bibliográfica de Geografía y Ciencias Sociales*, Universidad de Barcelona, Vol.XIII, Nº 779, 25 de marzo de 2008. [http://www.ub.es/geocrit/b3w-779.htm]. [ISSN 1138-9796].

Una vez que salió del hotel —y aquí ya deja de ser una suposición—, Mercedes se instaló en una pensión en la calle 25 de Agosto y Colón, donde alternaba con otras jóvenes de su edad que también habían venido de España —la mayoría, de Galicia—, ella era la única cántabra. En los primeros tiempos se defendió haciendo limpieza en casas particulares y, de vez en vez, cuando la murria la envolvía, soltaba con aquella voz clara que tenía alguna zarzuela, para el gozo de sus amigas.

Cuando clava mi moreno
Sus ojazos en los míos,
Tó mi cuerpo se me enciende
Y se me pierde el sentío.
Cuando clava mi moreno
Sus ojazos en los míos,
Tó mi cuerpo se me enciende
Y se me pierde el sentío.

Montevideo le pareció una ciudad agradable, muy parecida a su Cantabria por la proximidad de la costa, aunque ella extrañaba el azul de aquel mar que contrastaba con el marrón del Río de la Plata.

La sociedad uruguaya crecía aceleradamente, sobre todo por el aporte de los inmigrantes que se integraban progresivamente al país, contribuyendo con sus costumbres y sus tradiciones.

De acuerdo a los censos realizados en 1899 en Montevideo y en 1900 en los departamentos de campaña, la población uruguaya superaba los 900.000 habitantes. En esa fecha, el 70% estaba radicado en la zona rural, una tendencia que se revertiría con las corrientes de migración interna en el correr del siglo xx.

Un día, cuando ya hacía algún tiempo desde su llegada a Uruguay, en una de las tantas reuniones de inmigrantes, Mercedes conoció a un joven gallego, José Ladra, y su vida cambió drásticamente. El hombre de pelo bien negro, siempre peinado con una raya al costado, de manos grandes, pero cuidadas, y de voz suave, la enamoró. Lo mismo ocurrió con él, que encontró en aquella cántabra de mirada fiera y rostro anguloso, de pelo lacio largo recogido, a la mujer de sus sueños, su compañera.

Llama la atención que no se conocieran antes porque vivían a pocos metros uno del otro, ambos en plena zona portuaria sobre la calle 25 de Agosto —hoy rambla del mismo nombre—, en pensiones donde se instalaban los inmigrantes. José vivía en una pensión a la altura del 418, una casona con varias habitaciones, frente al río, con vista al Cerro de Montevideo, en la esquina de la actual calle Zabala. La construcción aún hoy existe, aunque está totalmente destruida, tapiada y sin techo. La pensión en la que vivía Mercedes también estaba sobre 25 de Agosto, pero en la vereda de enfrente a la de José, en el 317. Hoy, en esa franja de la rambla hay construcciones que están dentro del recinto portuario.

Mercedes Pérez —la hija de Florencio Pérez, que ya había fallecido, y de Celestina Calderón— y José Ladra —el hijo de Antonio Ladra y de Casilda Insúa, también ya fallecida— se pusieron de novios y al poco tiempo, el sábado 23 de agosto de 1913, a las 16:30 horas, contrajeron matrimonio civil. Fueron casados por José Puig Maciel, oficial del estado Civil de 2ª Sección del departamento de Montevideo. Fueron testigos Enrique Pérez, presumiblemente el familiar de Mercedes que la atrajo a Uruguay, y José López, ambos españoles.

Frente a la ventanilla 5 de la oficina del Registro Civil ubicado en la calle Uruguay y Río Branco, luego de haber llenado los datos surgidos de unas carpetas que estaban en el archivo, esperé el llamado para recibir la copia del acta matrimonial de mis abuelos. Pasaron diez minutos, cuando por los parlantes llaman: "Matrimonio Ladra Pérez". Me acerco a la ventanilla y la funcionaria me extiende el documento. Lo tomo con mis manos, algo temblorosas por la emoción de estar frente a un registro fundacional para la familia. Es un papel de color rosado en degradé, "fotocopia auténtica del original el cual obra en esta oficina", dice al dorso. Lo leo y quiero trasladarme a los lugares que aparecen en el acta, a las calles 25 de Agosto y Cerrito. Lo hago. Camino lentamente. Los pensamientos bullen en mi cabeza, trato de imaginarme a esos jóvenes llegados a un país nuevo, lanzados a una aventura, a un lugar desconocido.

Una vez casados, José y Mercedes se fueron a vivir a una casa en la calle Daymán al 1534 —hoy es Julio Herrera y Obes—, entre Uruguay y Paysandú. Yo no creo en las señales o en el destino ya escrito, soy racional, quizás demasiado, pero como dice la sabiduría popular: no creo en brujas, pero que las hay, las hay. El mismo día que recibí el documento que acreditaba el casamiento de mis abuelos, dejé mi apartamento de la Ciudad Vieja y me mudé a otro en la calle Julio Herrera y Obes.

De a poco, Montevideo iba saliendo de la resaca de la última guerra civil entre blancos y colorados, tras el alzamiento revolucionario contra el gobierno de José Batlle y Ordóñez en 1904, un enfrentamiento que marcó el ocaso de una cultura de raíz rural y ganadera, y dio inicio a un ciclo de batllismo que determinó la historia uruguaya al menos por cinco décadas.

En ese contexto, si bien la vida de Mercedes y José discurría tranquilamente, también se les hacía difícil involucrarse en aquella sociedad tan cambiante, y no consiguieron buenos trabajos, por más que hacían grandes sacrificios. José, por su espíritu libertario, no admitía trabajar bajo las órdenes de nadie, de hecho, su oficio era lo que se ha dado en llamar un autónomo artesanal[15], donde justamente los trabajadores de la industria maderera tenían una gran tradición asociativa y las corrientes del movimiento obrero —socialistas, anarquistas y, sobre todo, sindicalistas— habían tenido una presencia significativa entre ellos desde principios del siglo xx. Con sus amigos, el uruguayo Juan Monti, también mueblero, y su cuñado Laureano Goas, toldero de profesión, hizo un buen equipo. Ellos eran sus propios patrones y juntos cubrían la escasa demanda que había de buenos artesanos.

La joven pareja combatía la rutina, como muchos de su edad, con paseos por el Prado —el barrio donde desde mediados del siglo xix se estableció la aristocracia uruguaya— o, cuando había buen tiempo, con excursiones hasta la lejana playa de los Pocitos.

15 |Koppmann, Walter (2017). "Sindicalismo revolucionario y movimiento obrero. Lucha política, práctica militante y organización de base en el Sindicato de la Madera de la ciudad de Buenos Aires, 1915-1930". XVI Jornadas Interescuelas/Departamentos de Historia. Departamento de Historia. Facultad Humanidades. Universidad Nacional de Mar del Plata, Mar del Plata.

Hasta que un día de setiembre, la vida de ambos dio un giro radical, cuando Mercedes anunció que estaba embarazada. La noticia fue festejada, aunque sabían que se venían momentos de mayor responsabilidad.

El primero de mayo de 1914, a las nueve de la noche, el hogar de los Ladra Pérez se vio sacudido por los gritos y llantos de un bebé que irrumpió en el nuevo mundo. Los testigos para el documento ante el Registro Civil fueron los amigos de José, el uruguayo Juan Monti, y su cuñado, el gallego Laureano Goas. El niño llevó el nombre de Sol. Otra vez la memoria familiar dice que fue ella, Mercedes, la que decidió ese nombre: Sol, así, a secas.

–Sol, me llamo Sol.
–¿Sol? Qué raro...
–Sí, Sol, como el astro rey.

Lo raro era que un republicano ateo, antimonárquico, se refiriera a un rey para explicar el origen de su nombre. Cuando el interlocutor mostraba extrañeza, invariablemente su respuesta era: Sol, como el astro rey, algo que a veces, cuando niño, me daba como una mezcla de bronca con vergüenza, porque nunca había escuchado que los padres de mis amigos debieran explicar sus nombres. ¿Por qué el mío debía hacerlo? ¿Qué era lo extraño? Claro, si se hubiera llamado Enrique, Juan o Pedro, a nadie le hubiera sorprendido, pero ¿Sol? Si hasta es un nombre para una mujer, nunca para un hombre, me llegaron a decir. Pero con el tiempo entendí. Sol es un nombre con resonancias libertarias porque es posible que sus padres, mis abuelos, José y Mercedes, se hubieran vinculado a algún movimiento anarquista en Uruguay, donde estaban viviendo cuando nació mi padre.

Mercedes Pérez Calderón y Jose Manuel Ladra alrededor de 1923.
Toñanes, Cantabria.

8
Regreso a Cantabria en las entrañas del León XIII

El niño Sol estuvo poco tiempo viviendo en la casa de la calle Daymán. Aún no había cumplido un año cuando sus padres decidieron regresar a España, otra vez siguiendo los pasos de Laureano y Josefa que regresaron a Viveiro, Galicia.

El camino que iba recorrer José sería otro: volverían a España, sí, pero no a Galicia sino a Cantabria, a Toñanes, el pueblo de Mercedes. La elección del lugar de regreso no fue fruto del azar. Lo primero, allí había familia, estaba la madre de Mercedes y lo segundo, no había que olvidar que sobre José Manuel Ladra aun pesaba la requisitoria judicial por ser un desertor, cuando en 1908 fue llamado a las filas del ejército. Como consecuencia de esa caracterización, nunca se atrevió a volver a su tierra gallega.

En un par de cartas explicaron la situación y la decisión que habían tomado. Advertían cuáles eran los principales problemas que los aquejaban, sobre todo la falta de trabajo, además de que el niño demandaba mucha atención. "¡Ay, madre!, no sabes lo difícil que se me está haciendo, hay días que creo que voy a desfallecer. Con José estamos muy contentos con la criatura, pero estamos agotados", escribió Mercedes a su madre Celestina.

Los tres debieron viajar a Buenos Aires para tomar allí el barco que los llevaría de regreso a Europa. Fue una decisión arriesgada y que puede sonar incomprensible tomando en cuenta que Europa ya estaba inmersa en la primera guerra mundial, aunque España se había declarado neutral, dado que el rey Alfonso xiii consideraba que el país no estaba preparado para una guerra. España seguía sumida en una crisis profunda, con una fuerte fractura social y política que arrastraba de las últimas décadas del siglo XIX. Es decir, nada había cambiado desde que Mercedes y José salieron de sus respectivos pueblos.

El regreso de la joven pareja, con su hijo de apenas diez meses, se hizo a bordo del barco León XIII, construido por la compañía británica Glasgow A & J Inglis y botado en 1888 con el nombre de Taroba; posteriormente fue comprado por la Compañía Trasatlántica Española, que le cambió el nombre por el de Isla de Cuba, pero en 1896 el barco fue reformado y se rebautizó con el nombre de León XIII. Este buque tenía capacidad para transportar a noventa y tres pasajeros en primera clase, cincuenta y ocho en segunda y mil ciento noventa y ocho en tercera.

El León XIII había sido usado para transportar soldados a Cuba en 1898, durante la guerra entre España y Estados Unidos. Tras la derrota de España, con la destrucción de la flota de la armada española, el barco fue el encargado de repatriar a los soldados sobrevivientes, muchos de ellos víctimas de enfermedades tropicales. Fue el último viaje que hizo el León XIII desde Cuba, cuando cayó el telón de la España potencia colonial.

El desastre de las fuerzas ibéricas en la guerra repercutió en la ya cascoteada vida de los españoles en su tierra, y otra vez el León XIII fue el barco que transportó a miles de paisanos, asturianos, gallegos, catalanes, vascos, canarios y andaluces en su mayoría, pero ahora para escapar a Sudamérica, al Río de la Plata, especialmente, en busca de una vida mejor.

Sin embargo, el León xiii también fue el barco que repatrió a muchos españoles que decidían regresar a su patria. Entre ellos estuvieron Mercedes Pérez, José Ladra y Sol Ladra, que llegaron el sábado 13 de marzo de 1915 al puerto de Santander.

El barco, muy viejo, navegaba con una lentitud exasperante. El viaje duró casi seis semanas, mucho para las condiciones de la pareja Ladra-Pérez, que por sus escasos recursos debió viajar en las entrañas del buque, la clase reservada a los inmigrantes. Permanentemente desarraigados, con horizontes borrosos, fueron inmigrantes cuando salieron de su país y lo eran nuevamente al regresar, cruzando otra vez esa frontera emocional en la búsqueda de un lugar donde establecerse, donde darle forma a su familia.

La sola idea del regreso los llenaba de ilusión, pero debían pasar esta nueva prueba, viajar junto con otros paisanos de diversa extracción social: pendencieros, muchos perdedores, mujeres solas con hijos, pobres, tan pobres como cuando salieron a hacerse la América. Allí viajaban, donde no llegaba el sol, donde la higiene era dudosa y donde sentían el desprecio de los otros viajeros, los que iban en las zonas más confortables del barco.

"Cuanto más abajo vas, menos luz hay, más calor hace. El infierno está abajo, donde se reúnen hombres, mujeres y niños de todos los países europeos. Parecen pobres desgraciados. Un espectáculo terrible. Estos emigrantes son italianos, judíos o comunistas y parecen tenernos tanto respeto que ni siquiera se atreven a mirarnos", escribió el escritor belga-flamenco Ernest Claes en su libro Cuentos de viaje sobre la travesía Marsella-Buenos Aires a bordo del León XIII.

En la tercera clase ordinaria, entre los costillares de hierro y madera del barco, entre el alquitrán y el agua, eran habituales las riñas y por cualquier ofensa salían a relucir las navajas o palos. La convivencia en un espacio tan reducido se hacía muy difícil: seis semanas era mucho tiempo. Aquellos hombres, la mayoría mal entrazados, se entreveraban en luchas muchas veces azuzados por el resto del pasaje que tenían espectáculo gratuito, aunque terminara, como llegó a ocurrir, con una muerte.

Antonio García Fernández, un pasajero oriundo de Barcelona que pretendía regresar a Gijón, una noche se cruzó a puñetazos limpios con un gallego corpulento que lo durmió de una trompada ante la algarada de un grupo que los empujaba al centro de un hipotético ring. Cuando García recibió en pleno mentón el certero puñetazo del corpulento oponente, cayó, y lo hizo con tan mala suerte que pegó con la nuca contra un hierro. Murió en el acto. Ya nada se pudo hacer: quedó ahí tirado, a la vista del resto del pasaje.

Esa muerte fue apenas una línea en el informe del capitán del León XIII. Cuando tuvo que escribir las novedades del día en la bitácora, estampó la siguiente frase: "El pasajero Antonio García Fernández, que viajaba en tercera ordinaria, falleció, siendo sepultado en el mar después de cumplidos los requisitos de rigor en estos casos".

En la portada del diario de la mañana *El Cantábrico* del domingo 14 de marzo de 1915, y bajo una nota titulada "El León XIII", se puede leer la noticia del arribo del barco al puerto de Santander procedente de Buenos Aires y escalas, en la que se consigna la llegada desde Montevideo de "José, Mercedes y Sol Ladra; Vicente, Luis y Vicente Núñez, Juan Labrache y Manuel Castañeira".

La llegada al puerto de Santander no significaba el final del viaje para Mercedes, José y Sol, que aún debían caminar más de 30 kilómetros para llegar a Toñanes, unas diez horas de marcha, cargados con un bebé y algunas pertenencias. Un burro tirando de un carro maltrecho llevaba las toscas valijas de madera y a Mercedes con el bebé arropado en sus brazos. José, al costado, caminaba junto con Celestino —Tinón—, su cuñado, a quien conoció a la llegada al puerto.

Estaban agotados, famélicos, sedientos, pero acometieron con alegría el último tramo de su odisea. El largo viaje en el León XIII comenzaba a ser una anécdota, atrás quedaron los vómitos, el olor a alquitrán al que no lograron acostumbrarse ni cuando viajaron a Uruguay ni cuando regresaron a España. Atrás quedaba el calor insoportable, el miedo… Ahora, en plena campiña cantábrica, con su hijo Sol en brazos, respiraban el aire puro del otoño y el aroma a mar que se les metía por los poros.

9
Los Ladra de Toñanes

Cuando José Ladra y Mercedes Pérez se instalaron en Toñanes con su primogénito Sol, lo primero que hicieron fue descansar del largo viaje. Al reparo de la casa materna, la número 21 del barrio El Puente, bajo la guía de Celestina Calderón, la madre de Mercedes, y con el apoyo de Tinón, José comenzó a ofrecerse como carpintero; mientras tanto, Mercedes criaba a Sol.

En la casa de Toñanes —una vivienda de una planta, techos bajos de teja y paredes blancas con ventana pequeñas, sala principal, desván, cuadra y pajar con un pequeño huerto— José y Mercedes se acomodaron con el niño. Allí vivían, además, las hermanas más pequeñas de Mercedes: Aurelia y Genoveva. Celestina se movía a sus anchas en la cocina de la casa, preparando la comida para la familia, que a esa altura era un batallón. La borona, el pan de harina de maíz que ponían a cocer sobre las brasas del horno familiar, envuelto entre dos hojas de berza, nunca faltaba en aquella mesa de gente humilde, pero digna en su pobreza. A veces, y era una fiesta, había sardina fresca o cabeza de besugo con cebolla en su tiempo. La comida del mediodía era, en general, un cocido o puchero con alguna legumbre, casi siempre guisantes, sazonado con lo que se podía. El desayuno, sopas o patatas guisadas con algo de tocino.

"La monda de la patata hervida era un manjar" en épocas de hambruna y privaciones. Aquella frase de mi padre la esché con frecuencia cuando era pequeño, toda vez que con mi hermana Laura nos poníamos remolones con la comida que se nos ofrecía: arroz blanco, casi siempre, acompañado con alguna verdura. El churrasco era una excepción.

José recorrió Toñanes, casa por casa para ofrecer su fuerza laboral, y siguió… fue a Cóbreces y fue a Comillas y fue a Oreña y hasta más allá, a Torrelavega, e incluso a la propia Santander. No quedó lugar donde no golpeara puertas. Solo ofrecía sus manos, sus brazos, para hacer lo que fuera con madera, lo que se necesitara, un banco, una mesa, una puerta, una ventana. Las cosas comenzaron a rodar bien para los recién llegados. José empezó a tener trabajo como carpintero, su constancia tuvo sus frutos, a la par que crecía el niño. La casa en el barrio El Puente parecía iluminarse. Los rostros adustos de José y Mercedes cambiaron y los esposos hasta llegaron a acariciarse en público, para rubor de Mercedes. Salían a pasear por los acantilados siempre y cuando el clima lo permitiera.

En la casa, José y Mercedes tenían una pieza para ellos y el niño, con una cama relativamente cómoda. Aurelia y Genoveva se fueron a vivir fuera de Toñanes luego de casarse; de los hermanos de Mercedes solo quedaba allí Tinón. La casa era confortable y, a pesar de estar protegida, en invierno el viento se colaba por los muchos agujeros que tenía y el frío se hacía sentir. El invierno no era la mejor época para pasear ni para hacer el amor. La ropa, puesta como si fueran telas de cebolla para aguantar las bajas temperaturas, le quitaba la pasión a cualquiera. Pero con el verano ya era otra cosa, y llegó el otoño con el anuncio de Mercedes de un nuevo embarazo. A principios del mes de noviembre, la matrona del pueblo lo confirmó, puso la mano sobre la panza de Mercedes y dijo, sin dudar:

—Va a ser niño.

Y pasó diciembre, enero y llegó febrero y la panza de Mercedes ya era un globo que ella mostraba orgullosa en los mediodías soleados de ese invierno de 1917, hasta que, a mediados de febrero, nació Antonio. Y esa casa del barrio El Puente escuchó por primera vez el grito de un recién nacido, capaz que hasta el barrio escuchó por primera vez los gritos de un nacimiento.

Así fue. El 13 de febrero fue el parto en la parte alta de la casa. El niño vino al mundo con la ayuda de la matrona.

—Puja, mujer, puja.

Mercedes grita. El sudor le corre por los párpados. La naturaleza hace lo suyo, Mercedes ayuda, acompaña a pura intuición:

primero salió la cabecita del niño, mojada, con restos de sangre y líquido amniótico que Celestina limpia.

—Puja, mujer, puja.

Y Mercedes hace otro esfuerzo y ya están los hombros y ya está el niño. El niño grita, el niño ha nacido. Mercedes llora y llora Celestina, su madre, que rodea con sus brazos a su hija. Aquella dura labradora no pudo ocultar su emocionó con la llegada de un niño, su segundo nieto, el primero que presenciaba.

Afuera, del otro lado de la puerta está José, tiene en sus brazos a Sol que, raro en él, está callado, como si supiera que algo inusual está pasando. Tinón camina en círculos, fuma, patea el piso.

Antonio Aníbal Ladra Pérez llegó a una Europa que aún estaba inmersa en la gran guerra, en la que España era neutral, pero no ajena. Llegó a un mundo que pronto iba a asistir al triunfo de la Revolución Rusa que condujo al derrocamiento del régimen zarista imperial en octubre de 1917 y la proclamación de la República Socialista Federativa Soviética de Rusia.

Viene el buen tiempo, el verano culmina y en ese otoño Mercedes vuelve a sentir lo que sintió cuando quedó embarazada de Sol y Antonio, y otra vez a ver a la matrona, que pone la mano sobre el vientre y dice "será varón" y en el verano de 1918, en la noche del 19 de julio, se repite la escena, Mercedes, su madre Celestina y la matrona: "puja, mujer, puja". Y otra vez, allá arriba en la casa, donde basta estirar el brazo para tocar el techo, donde ya hay otros dos niños, su esposo José y su tío Tinón son testigos de la llegada de Eugenio Enrique, que antes de la medianoche respiró por primera vez el aire cántabro.

Mientras tanto, aunque estaban un poco ajenos a los hechos políticos, en toda Cantabria se celebraba el fin de la guerra europea, la primera guerra mundial, que se había iniciado el 28 de julio de 1914, cuando Sol apenas tenía dos meses y medio de vida, y finalizó el 11 de noviembre de 1918, cinco meses después del nacimiento de Eugenio.

En tres años hubo que adaptar la casa de Toñanes a la nueva realidad de tres niños que crecían aceleradamente. Después de

Eugenio llegaron otros habitantes más: un burro y dos vacas, y el trabajo se multiplicaba. Toñanes le cayó bien al matrimonio Ladra Pérez. Después de tantas perdidas, ganaban una.

Toñanes, un pueblo que casi no existe, tan minúsculo que lleva al asombro cuando se descubre que ni siquiera tiene un bar. ¿Un pueblo sin bar en España? Así es Toñanes, un mundo tan pequeño que hoy está en boca de muchos porque fue puesto en el mapa por un escritor que no nació allí, pero casi, Juan Gómez Bárcena, que tradujo al papel la historia del pueblo de sus padres, Mercedes y Emilio, el pueblo de los Ladra Pérez, el pueblo de Claudín y Cayuca, el pueblo de Pepín, el más viejo de los hombres de Toñanes. Toñanes es el pueblo de Lo demás es aire[16].

El Toñanes de hoy quizás es más sofisticado, más turístico y sus casas más habitables, sin duda, y hay asfalto en una o dos calles, pero sigue siendo aquel Toñanes, el de los Ladra Pérez; se sienten esas presencias. Es que cuando uno se detiene a mirar el mar Cantábrico desde lo alto, con los Picos de Europa como fondo, da vértigo, el mismo que sintió José Ladra, el mismo que volvió a recordar Mercedes cuando sacaban a pasear a los niños por esos prados tan verdes, cuando ya se sentía que la primavera y el buen tiempo estaban ahí nomás.

Y fue a finales de la primavera, en abril de 1919, cuando Mercedes supo una vez más que estaba embarazada. Lo intuyó y no fue necesario ir a ver a la matrona. Ella sentía que dentro suyo había una niña, la deseada, la esperada. Y fue niña, sí, y se llamó Mercedes, también. Mercedes Inés llegó en enero de 1920 a un mundo lleno de hombres para poner un poco de equilibrio.

Con la llegada de Mercedes la casa empezaba a quedar chica, porque entre otras cosas, José había comenzado a usar una de las piezas como taller para sus trabajos de carpintería. En verdad ya estaba empadronado como carpintero en 1917, según el Boletín Oficial de la Provincia de Santander, donde figura como cabeza de familia para abonar los impuestos del Partido Judicial de Torrelavega.

Los sucesos de octubre en Rusia, con el triunfo de la revolución bolchevique y la influencia de las ideas anarquistas debido

---

16 | *Lo demás es aire,* Juan Gómez Bárcena. Seix Barral, 2022.

al prestigio de Mijaíl Bakunin y Piotr Kropotkin, los principales pensadores libertarios de origen ruso, generan una onda expansiva que llega a Cantabria, sobre todo a los principales centros poblados, Santander, Torrelavega y Santoña, donde se crean algunas organizaciones anarquistas, aunque insignificantes en cuanto al número de adherentes[17].

El carpintero José Ladra Insúa comenzó a participar en las reducidas reuniones de los grupos anarquistas de la zona y también a enseñar el oficio como una forma de militancia. Claudín me contó aquella tarde que lo visité en Toñanes que "la familia de los Ladra eran carpinteros", aunque en verdad solo lo fue José, y que "Sañudo, un vecino de la zona, aprendió el oficio con los Ladra".

Con el advenimiento de la dictadura de Miguel Primo de Rivera, en 1923, los anarquistas se replegaron, al tiempo que eran objeto de una dura represión, y José no fue la excepción, sobre todo tomando en cuenta lo aislado que estaba en Toñanes, ese pueblo que nunca superó los 100 habitantes.

Pero José Ladra, que también era un ebanista de gran talento, fue contratado por los monjes cistercienses para que hiciera algunos trabajos uno de los cuales, y aquí otra vez acudo a la memoria familiar, fue el vía crucis en la ermita de Santa Ana de Cóbreces.

Francisco Rafael de Pascual, monje de la Abadía Cisterciense de Viaceli de Cóbreces, me contó en un mail que "lo referente a los tiempos anteriores a la Guerra Civil española y los registros del monasterio están muy incompletos". Y agregó que "quizá, quizá, [José] trabajara en la biblioteca del monasterio, que se hizo en 1926; pero nunca he sabido quiénes participaron. Se habla de un carpintero de Novales, pueblo más allá de Cóbreces. Es

---

17 | La primera aparición del anarquismo en Cantabria tuvo lugar en Santander en los años 70 del siglo XIX; en tiempos de la I Internacional surge la Federación Local, creada bajo la influencia de ideas federalistas y bakuninistas, que acabará por convertirse en una organización de corte socialista debido a la influencia de la Unión General de Trabajadores (UGT).
No fue sino con el accionar de Emilio Carral, un relojero de profesión que se volcó a la labor periodística y difusión de las ideas anarquistas en Santander, que rápidamente comienza a expandirse hacia otros centros poblados.
‹https://adelante2.blogspot.com/2017/02/breve-historia-del-anarquismo-cantabro.html›.

una pena que hayan fallecido quienes podrían darnos noticia de ello (yo conocí al carpintero de Cóbreces, el Sr. Sañudo, que era joven en 1936 y colaboró para que los comunistas no incendiaran la biblioteca del monasterio)". Parece claro que ese Sañudo es el mismo al que se refirió Claudín.

Si es cierto que José Ladra Insúa trabajó en la biblioteca del monasterio debió ser por poco tiempo, porque en 1926 contrajo tuberculosis y falleció rápidamente, luego de contagiar a su esposa. La tuberculosis es como una silenciosa espada asesina que atraviesa a la familia.

En ese momento, Sol tenía doce años; Antonio, nueve; Eugenio, ocho, y Mercedes seis. Huérfanos de padre y con una madre que no podía tener contacto con ellos por la enfermedad, los niños fueron criados por Celestina, la abuela, con la ayuda de su hermano, Tinón. Al poco tiempo, Mercedes también falleció. Mercedes Pérez Calderón, la mujer que se atrevió a viajar sola al nuevo mundo, a Uruguay, que allí se enamoró y se casó y tuvo a su primogénito, murió por la enfermedad y también de tristeza, por no poder estar con sus hijos, luego de quedar viuda sin más. En poco tiempo, apenas once años, la familia Ladra Pérez se derrumbó.

"Mi madre, Mercedes, y sus hermanos fueron criados por la abuela de ellos, Celestina", me dice mi prima Elena, y agrega que "siempre se refirió a ella con gran amor y admiración por su valentía" al haber afrontado una tragedia tal en un pueblo pequeño y aislado.

Cada vez somos menos, dice Claudín, y para reafirmar sus dichos se apoya en las cifras oficiales del Ayuntamiento. "El año pasado [2021] hubo veinte defunciones y doce nacimientos; muere más gente que la que nace, aquí quedamos los viejos; los jóvenes, cuando pueden se van. Igual, dice resignado, nosotros estamos bien, a esta altura ¿qué vamos a hacer?, este es un pueblo muy tranquilo", y repite: "Los jóvenes, cuando pueden se van".

Familia Ladra Pérez alrededor de 1923. Toñanes, Cantabria.
De izquierda a derecha: Sol Ladra, Mercedes Pérez, Antonio Ladra,
Celestina Calderón, Antonio Ladra, Jose Manuel Ladra
y Mercedes Ladra.

Monedas al agua

Raqueros. Así se llamaba a los niños marginales, huérfanos o de extracción humilde, que rondaban o vivían en los muelles de Santander a principios del siglo XX. Eran los que sobrevivían de lo que les robaban a los turistas descuidados. Por eso hoy decirle a alguien raquero es un insulto, un mote despectivo. Raqueros allá, rastrillos en el Río de la Plata.

Los ingleses, pero también los santanderinos acaudalados, que andaban en sus embarcaciones de lujo por las costas de la Cantabria pobre, se divertían arrojando monedas al mar para que los raqueros las sacaran buceando. Les resultaba curiosa la imagen de unos niños semidesnudos correteando por el muelle, pescando o buceando entre las aguas. Pero lo que realmente captaba la atención era la disposición de estos muchachos a recoger todos los objetos que caían al mar. De esta manera, se convirtió en una cruel costumbre lanzar monedas al agua con la intención de que estos niños, tan necesitados, se atrevieran a zambullirse en las frías aguas del mar Cantábrico.

Cuando mi padre me habló de ellos, no me dijo que se les decía raqueros. Solo me habló del odio que le generaba ver a esos niños desnutridos tratar de congraciarse con los poderosos para conseguir una moneda, divirtiendo así a aquellos hombres bien comidos. Al principio creí que se trataba de un cuento, pero era la realidad. Sin citar a ningún marxista, la historia de aquellos mozalbetes lanzándose al agua a recoger las monedas constituyó una de las primeras lecciones sobre la lucha de clases que me dio mi padre. El pobrerío tratando de hacerse de alguna moneda para comer, para sobrevivir, y los ricos solazándose de su poder.

Hoy, los raqueros han desaparecido, solo quedan cuatro niños de bronce a tamaño natural, uno de pie, dos sentados y un cuarto lanzándose de cabeza al agua. Son estatuas que los recuerdan en la dársena del puerto chico de Santander. Es el recuerdo de la miseria de una parte de la población infantil y juvenil que sobrevivía como podía en un pasado de escasez y de miseria.

10
Temporada de golpes

El 13 de setiembre de 1923, Miguel Primo de Rivera inauguró en España las temporadas de golpes de Estado del siglo XX, cuando se sublevó contra el Gobierno. En lugar de condenarlo, el rey Alfonso XIII le dio su apoyo bajo la invocación de que había que salvar al país de "los profesionales de la política".

Antes, el propio rey había fantaseado con tomar el poder y convertirse en dictador, pero fue disuadido por su entorno, según reveló el catedrático Javier Moreno Luzón, autor de una biografía del monarca, El rey patriota.

Primo de Rivera admiraba a Mussolini, al que consideraba "un apóstol de la campaña contra la corrupción y la anarquía", y cuando tomó las riendas del país dijo que su propósito era permanecer noventa días, tiempo suficiente "para enderezar el rumbo".

Estuvo en el poder seis años y cuatro meses, 2.329 días, y durante su gestión intentó atraer a los socialistas, y lo logró a medias ya que aquellos se dividieron cuando la mayoría optó por colaborar con la dictadura. Con los anarquistas de la CNT la política fue diferente: la dictadura de Primo de Rivera los reprimió y la organización pasó a la clandestinidad.

A mediados de 1928 se inició la decadencia de la dictadura al surgir fuertes críticas de los políticos liberales, quienes advirtieron cómo se incumplía con creces la promesa de ser un "régimen temporal". La progresiva pérdida de respaldo social de la dictadura hizo que el rey comenzara a considerar que la corona correría riesgo si seguía atada a la figura del dictador, y le retiró el apoyo.

Primo de Rivera buscó salvar su gobierno y acudió al ejército, pero no tuvo eco y en enero de 1930 presentó su dimisión al rey, que la aceptó en el acto. Tras dimitir, Primo de Rivera abandonó España y poco después falleció en un hotel de París.

El rey Alfonso XIII nombró presidente al general Dámaso Berenguer, quien iniciaría un período histórico comúnmente conocido como 'la Dictablanda', la última etapa de la Restauración borbónica y del reinado de Alfonso XIII. En dicho período hubo dos gobiernos: el del propio general Dámaso Berenguer —formado en enero de 1930 para restablecer la 'normalidad constitucional' tras la dictadura de Primo de Rivera—, y el que le siguió tan solo un año después, luego de las elecciones de abril de 1931 en las que triunfó una coalición de partidos de izquierda llamada Conjunción Republicano-Socialista y se proclamó la Segunda República Española.

Durante su primer bienio, este gobierno aprobó una nueva Constitución y emprendió una serie de reformas sociales y económicas. Al ver tocados sus intereses, los sectores privilegiados iniciaron una resistencia al gobierno republicano y organizaron, con el apoyo de la cruz y el ejército, un fallido golpe de Estado en 1932.

La sociedad quedó dividida. El odio de clase que destilaban los labradores, los pequeños artesanos, los panaderos y trabajadores cuentapropistas que apenas podían subsistir, fue un caldo de cultivo para la violencia contra aquellos a quienes veían como los opresores y responsables de su situación: en primer lugar, un ejército que solía hacer ostentación de su poder y que reprimía cualquier atisbo de rebeldía, en segundo, los prelados de la iglesia católica, que no dudaban en defender a los poderosos antes que a los menesterosos.

El segmento más radical de la izquierda política quería más velocidad y profundidad en los cambios y se enfrentó al gobierno de la Conjunción Republicano-Socialista. Mientras tanto, en Italia se vivía el auge del fascismo de Mussolini y en Alemania el del nazismo de Hitler. España no permanecería ajena a esas ideologías de extrema derecha. El partido fascista español, la Falange Española, dio sus primeros pasos el 29 de octubre de 1933 bajo la batuta de José Antonio Primo de Rivera, hijo del dictador Miguel Primo de Rivera. Las ideas fuerza de la Falange se basaban en la imposición de un Estado de carácter totalitario y corporativo. "España ha venido a menos por una triple división; una división engendrada por los separatismos locales, por la división engendrada entre los partidos y por la división por la lucha de clases. Cuando España encuentre una empresa colectiva que supere todas esas diferencias, España volverá a ser grande como en sus mejores tiempos", dijo el líder falangista en un tramo del discurso inaugural del nuevo movimiento.

En este clima de inestabilidad política se llegó a nuevas elecciones de noviembre de 1933, las primeras en las que votaron mujeres en España. Con la izquierda dividida, una coalición derechista republicana, pero sin intenciones monárquicas, asumió el gobierno. La Falange logró un escaño para su líder, integrado en una coalición conservadora monárquica.

Y mientras tanto, sobre todo entre los jóvenes, progresaba la influencia del discurso anarquista. A Sol empezó a vérsele junto a José Manuel García Sánchez, conocido como 'El Rojo de la Mata', un joven líder anarquista, miembro de la Confederación Nacional del Trabajo de la localidad de Cabezón de la Sal, barbero de profesión que hacía culto de la apropiación revolucionaria y de la violencia.

El ímpetu juvenil de 'El Rojo de la Mata' se vio en octubre del año 1934, cuando ante el avance de la derecha en el Gobierno, los socialistas y toda la izquierda se rebelaron, convocando a una huelga general que comenzó el viernes 5 y finalizó el jueves 18.

Cantabria fue uno de los lugares donde la movilización tuvo un mayor impacto: la huelga fue más larga y hubo quince muertos y un centenar de heridos por los enfrentamientos, además de que los Consejos de Guerra de la región procesaron a más de mil detenidos.

En la zona de Cabezón de la Sal y aledaños la huelga se desarrolló con una buena dosis de violencia. Durante las tres primeras noches los huelguistas derribaron postes del alumbrado y conducción eléctrica, colocaron una bomba en el establecimiento de Herederos de Iglesias y otra en el depósito de recepción de leche de la Granja Poch, que quedó destruido. Los huelguistas también intentaron quemar la iglesia de Suances y redujeron a escombros la de Sierra Elsa.

Más tarde fueron detenidos y señalados como artífices de las acciones 'El Rojo de la Mata' y el presidente de la Casa del Pueblo, Manuel García Gutiérrez. Hubo, además, numerosos detenidos que fueron juzgados en Consejo de Guerra y, al no haber suficiente sitio en las cárceles de Cantabria, se habilitó como centro de reclusión un barco, el Alfonso Pérez, de triste historia en Santander, como veremos más adelante. Además, todas las Casas del Pueblo socialistas fueron clausuradas.

La huelga fracasó en toda España, pero sentó las bases para el avance de la izquierda que llegó al poder en las elecciones de febrero de 1936 con el triunfo de la coalición del Frente Popular.

En abril de ese año reapareció públicamente —tras su detención en 1934— 'El Rojo de la Mata'. El diario *La Voz de Cantabria* lo presentó así: "Este domingo se celebró en el mercado la venta semanal que estuvo muy concurrida. A las cuatro de la tarde se hizo un mitin anarquista en el salón Capital que empezó con cuarenta personas y culminó con algo más de un centenar. Los oradores, uno de ellos fue Sol, fueron presentados por El Rojo de la Mata, abogaron por la unidad de los obreros en el Frente Único porque muy pronto van a la revolución social. Se expresaron en los términos de siempre con más o menos violencia y echaron mano de los consabidos tópicos que ya conocemos. No se alteró el orden".

El 10 de junio de ese mismo año hubo un atraco a mano armada en un establecimiento en la localidad de Roiz y se descubrió que uno de los responsables fue 'El Rojo de la Mata', que se llevó para su casa 18 kilos de chorizos. Hubo tres detenidos más, cuyos nombres no trascendieron, y en el diario se dice que está de más decir que este atraco ha sido motivo de conversación en la gente del pueblo y que se esperan grandes sorpresas. Y la sorpresa llegó: en un registro realizado el 16 de junio en la casa de 'El Rojo de la Mata' encontraron otros 84 kilos de chorizos. Nunca se supo cuál era el destino de esa cantidad de chorizos que excedía el consumo personal.

Mientras tanto, los hermanos Ladra Pérez, desde hacía un tiempo sin sus progenitores ni su abuela Celestina, que fue quien los crio con el apoyo de Tinón, debieron ocuparse del trabajo en la tierra y de cuidar un par de vacas que les daban el sustento diario. La vida se les hacía complicada y la militancia anarquista de Sol se volvía cada vez más intensa. A su influjo, los hermanos participaron de la creación de la Federación Comarcal Montañesa, agrupación de la CNT en Cantabria. Ellos, los Ladra Pérez, los hermanos rojinegros, como se autodenominaron en una suerte de bautismo ateo.

11
Hermanos de sangre, sangre de hermanos

En julio de 1936, todo cambió dramáticamente. Las noticias llegaban por cuentagotas, y con cada novedad las vidas de los españoles empezaban a cambiar para siempre. La tensión política y social que se vivía en España se inscribía en un marco de transformación de toda la sociedad. La ruptura institucional no fue repentina, sino que estuvo precedida y favorecida por el empuje conservador, que veía los cambios instrumentados por la República como un peligro para el estatus.

Viernes 17 de julio de 1936
La radio y la prensa fueron las encargadas de transmitir al pueblo español los confusos hechos que estaban acaeciendo desde que un grupo de oficiales se había sublevado en África contra el Gobierno de la República. Las primeras noticias sobre la sublevación militar en Marruecos llegaron a Santander en la noche del 17 de julio a un reducido número de personas, las más allegadas a las estructuras de poder, pero es obvio que en Toñanes, ese pueblo que casi no aparece en los mapas, estaban ajenos a lo que ocurría en el resto de España. Si los hermanos Ladra Pérez, quizás los más politizados del pueblo, no estaban al tanto de nada, qué podía esperarse del resto de los vecinos.

En Santander, los periodistas y algunos políticos se apostaron en la casa del gobernador Enrique Balmaseda, que se encontraba ligeramente indispuesto, a la espera de novedades. Estuvieron allí hasta las dos de la mañana. A esa hora ya se sabía que un movimiento sedicioso se había alzado en Melilla, pero, según Balmaseda, no era de entidad y ya había sido sofocado. Lo mismo repitió el diputado Ramón Ruíz Rebollo:

"El movimiento no tendrá ramificaciones, todo está tranquilo", dijo a los periodistas.

Pero lo que ocurría en verdad era que, en la Comandancia de Melilla, en nombre del general de las fuerzas de Marruecos, Francisco Franco, se había declarado el estado de guerra. El gobierno reaccionó y el presidente del Consejo de ministros, Santiago Casares Quiroga, dijo estar al tanto de la rebelión y que la República tomaría las medidas necesarias, tratando de pacificar a los sublevados. Pero estos, lejos de buscar una salida consensuada, siguieron adelante con su plan. Ese día, Melilla ya era territorio controlado por los golpistas. En África la sublevación había triunfado sin resistencia alguna.

La vida en Santander, en tanto, se desarrollaba de manera normal. Ese viernes 17, en la plaza Cañadío se llevó a cabo la solemne inauguración del Americain Cirque, presentando su sensacional elenco "nunca visto en Santander, con 10 atracciones mundiales y los saladísimos clowns Hermanos Díaz". La carpa desbordó de gente.

Otros prefirieron ir al cine. En la sala Narbón se estrenaba una producción de la Paramount, *No es pecado*, con Mae West, Roger Pryor y Johnny Mack Brown. En la otra sala, el pabellón Narbón, y en el Gran Cinema se estrenaba *Noche Nupcial* con Gary Cooper. Localidades agotadas y ellas que suspiraban por el gran Gary.

En la sala teatral María Lisarda Coliseumen se anunciaba DAN, la obra en seis cuadros de Enrique Suárez de Deza. A los asistentes se les prometía que iban a presenciar la obra más discutida de aquella temporada.

La temporada veraniega en Santander era un éxito, tanto que no había lugar para los veraneantes, ni en los hoteles ni en las fondas, atiborradas de gente que se divertía y bebía sin siquiera saber lo que se estaba cocinando en el sur de España. Allí, en el norte, todo era risas, niños jugando, calor y el dinero fluyendo en las cajas de los comercios. Algunos particulares, viendo que la demanda de alojamiento excedía la oferta, comenzaron a hacer su temporada admitiendo huéspedes. El gobernador Balmaseda comunicó que en la administración debía recibir la información de todos aquellos que se alojaran de esa manera, so pena de imponer sanciones.

La vida transcurría con relativa normalidad incluso para los rateros de poca monta como José Álvarez Bao, conocido en Santander como 'Gato Bravo', que fue atrapado con las manos en la masa, cuando iba a estafar a un primo suyo con el cuento del entierro. Bao lo había engañado contándole que en un campo a pocas cuadras de allí su tío, millonario, desconfiado, había escondido un cofre con joyas. Había que actuar con rapidez, se necesitaba dinero para comprar pala, pico, baldes y cuerda para poder desenterrarlo. Eso debía correr por cuenta del primo. Todo venía bien, pero a Bao le falló la vista, porque no vio llegar a dos agentes de Vigilancia que, conocedores de su actividad, lo condujeron a la comisaría. Allí le requisaron una serie de billetes falsos y, de buenas maneras, según se dijo, lo hicieron confesar y el primo se salvó de ser estafado.

Y mientras Franco se alzaba en Melilla, en Santander nació Dolores, una hermosa niña a quien se la llamó así por su mamá y por su abuela. El parto no pudo ser comunicado a otros familiares porque esa noche se cortaron las comunicaciones telefónicas con toda España. Por eso pusieron un aviso en el diario para que todos supieran. Y la alegría de la familia de Dolores tuvo su contrapartida con el dolor de Don Juan y Doña Constancia, los padres del niño Ángel Pérez Martino, de 15 años, que murió ahogado ese mismo día cuando se bañaba con unos amigos en la ría de Bóo. Aparentemente, Ángel no sabía nadar y se fue al fondo de la ría. Los esfuerzos de sus amigos para rescatarlo fueron vanos. Su padre, que hacía poco rato lo había dejado en el lugar, regresó a la orilla, donde ya estaba el cuerpo sin vida de su hijo, y no paró de llorar y gritar hasta que se lo llevaron a la morgue.

Sábado 18 de julio de 1936

El padre de Pepín sacó a pastar a la vaca como todos los días, cuando cayó el sol de julio. Aunque en Toñanes nadie tenía muchas noticias de lo que estaba ocurriendo, aquel día había algo distinto en el aire.

Los padres de Cayuca salieron a caminar y, en la tarde, cuando ya aflojaba el calor, fueron a darse un baño en el mar, y así fue el sábado y el domingo y los días posteriores, nada cambió. Recién el miércoles, alguien de la familia de los Gómez les acercó una hoja de El Cantábrico y allí vieron que había malas noticias y, claro, se dieron cuenta de que sí, de que sus vidas iban a cambiar, de que ya nada iba a ser como hasta ese momento.

Y cambió la vida de Sol y la de Antonio y la de Eugenio y la de Mercedes. Ellos sintieron en sus pechos, en sus estómagos, que no se venía nada bueno. Se hablaba de guerra, otra vez, pero ahora era allí, en España: españoles contra españoles. Y se hablaba de aquel hombre, aquel militar que metía miedo con solo nombrarlo: Francisco Franco, el que ascendió rápidamente, el que en tres años fue general fraguando pruebas y se sublevó contra la Segunda República, contra el gobierno del Frente Popular. Y ya se sabía lo que traía entre manos Francisco Franco y toda su corte de sotanas y gente poderosa: muerte y violencia, todo con el apoyo de la cruz y la espada.

Sin embargo, en Santander la vida continuaba mansa. El titular de El Cantábrico así lo señalaba: "En Santander la tranquilidad durante toda la jornada fue absoluta". En la bajada de la nota se explicitaba que la identificación entre la fuerza pública y el pueblo era completa. Pero más allá de las palabras grandilocuentes y de la sensación de victoria, lo cierto es que en Santander y en todos los pueblos se organizaron para repeler probables levantamientos, porque ya se decía que en Sevilla los golpistas habían avanzado sin problemas.

Las versiones eran contrapuestas. El gobierno decía que se había frustrado un nuevo intento criminal contra la República: "No tardaremos en dar cuenta al país que está normalizada la situación", pero Franco, por el contrario, lanzaba loas al Ejército de África y hacía un llamamiento a todas las guarniciones de la península para que se sublevaran. Mientras tanto, la Unión General de Trabajadores llamaba a la huelga general y pedía armas para que el pueblo pudiera defenderse. Ya no había ninguna duda: la guerra era un hecho.

El gobernador de Santander seguía en sus habitaciones retenido por una dolencia. "No pasará nada, absolutamente nada", repetían los políticos que se acercaron a su casa, pero en los centros obreros se montaron guardias a la espera de mayor información. Se veía a republicanos, socialistas, comunistas y anarcosindicalistas que, "olvidando sus disputas internas, se disponían a defender la República de sus agresores", dice la crónica de El Cantábrico.

En Torrelavega, Santoña, Laredo y Castro la tranquilidad era completa: los Frentes Populares permanecían en alerta. Se formaron columnas republicanas, con milicianos socialistas, anarquistas y comunistas, sin mando, con milicianos que apenas alguna vez habían manejado un arma. Quizás su mejor arma era la propaganda militar republicana; solo allí en Santander se llegó a editar cerca de medio millón de ejemplares de arengas y manifiestos.

Domingo 19 de julio de 1936
En Santander las fuerzas leales a la República estaban unidas. Balmaseda seguía indispuesto, lo que llevó a los diputados Bruno Alonso, Ramón Ruiz Rebollo y Juan Ruiz Olazarán a tomar el cargo, siendo Olazarán el principal representante del triunvirato. De esta manera comenzaron a tomar decisiones drásticas: incautación de ómnibus, reparto de armas, requisas varias.

Martes 21 de julio de 1936
Y llegó la huelga general:

Trabajadores. De acuerdo con el Frente Popular y para la mejor organización de la defensa de nuestra provincia, a partir de este momento queda decretada la huelga general. Todos los hombres útiles se concentrarán en los lugares que han sido designados, tanto en la capital como en la provincia, para que colaboren con las fuerzas leales al Gobierno en el momento preciso. ¡Trabajadores! Divulgar rápidamente la noticia y que se abandonen inmediatamente los trabajos. Federación Obrera Montañesa. Federación Local de Sindicatos e Izquierda Republicana a sus afiliados.

Sol había quedado con Herminia, su novia de entonces, en ir a ver Noche nupcial. Aquella tarde, cuando paseaban por el puerto de Santander tomados de la mano, enamorados, se separaron para ponerse de fiesta para ir al cine. Fue la última vez que se vieron. Al llegar a la casa del barrio El Puente en Toñanes, encontró que Antonio y Eugenio estaban de caras largas, preocupados, tensos, y apenas puso un pie en la entrada, lo sacaron casi a rastras a la reunión de la Federación Comarcal Montañesa, desde donde se apostaron a resistir el golpe. ¿Cuántos romances como el de Sol y Herminia quedaron frustrados por la guerra? ¿Cuánta pasión y amores perdieron ante la guerra que acabó imponiendo su brutalidad? ¿Cuántos, como Sol, cayeron presos y cuántos murieron? ¿Y cuántas, como Herminia, debieron buscar en los listados qué había sido de aquel amor fugaz?

Los hermanos Ladra Pérez fueron enviados al frente, cada uno de ellos asumiendo las responsabilidades que se le confirieron: la consigna era resistir el golpe. "Resistir para vencer", una frase de contenido místico que enmascaraba el sacrificio, porque iban a la guerra, y las guerras matan, separan, dividen familias, frustran amores, desplazan pueblos enteros. En las guerras se pasa hambre, se pierden las referencias, el futuro deja de existir porque el presente es dramático. En aquella España la guerra arrebató muchas ilusiones.

En realidad, la guerra se libró para anular las reformas educativas y sociales de la Segunda República democrática y para combatir su cuestionamiento al orden establecido. En ese sentido, se luchó a favor de los terratenientes, industriales, banqueros, clérigos y oficiales del Ejército, cuyos intereses estaban amenazados, y en contra de los liberales e izquierdistas que impulsaban las reformas y el cuestionamiento indicados. Sin embargo, durante los años de la República, de 1931 a 1936, a lo largo de la guerra y durante muchas décadas después, se siguió fomentando en España el mito de que el enemigo derrotado en la contienda era el contubernio judeomasónico y bolchevique[18].

---

18 | Paul Preston. *Arquitectos del terror: Franco y los artífices del odio*. Debate, 2021.

En Cantabria, donde gobernaba la derecha y donde muchos veían con buenos ojos a aquel general más bien bajito, de prominente barriga y mirada altiva, la sublevación militar fracasó y entonces se habló de sorpresa, cuando en verdad lo que hubo fue una enorme división en la derecha, pero también reflejos antiautoritarios de una población cuyos jóvenes se habían politizado en muy poco tiempo y habían visto y vivido esos escasos cinco meses de gobierno del Frente Popular.

Esos jóvenes fueron los que salieron a defender los logros de la Segunda República, conquistas como la escuela, la única que hubo en Toñanes19, hasta que ya dejó de haber niños casi, pero antes, la maestra de esa escuela, Felisa Antonia Cambis Moreno, tras el triunfo de los franquistas, fue "depurada" porque se consideraba a los profesionales de la enseñanza responsables de haber inoculado en la sociedad "el virus republicano". En el año 1942 fue rehabilitada.

Y aquellos jóvenes, inexpertos en el manejo de armas, debieron regresar a la escuela: a las llamadas Escuelas Populares de Guerra, porque había que darles a esos labradores algo de instrucción militar, no alcanzaba con la mera voluntad, con las ansias de defender sus conquistas, había que saber cómo hacerlo en un terreno que no conocían. Fueron militares retirados partidarios de la República los que se encargaron de instruir a los jóvenes que deseaban ser milicianos voluntarios, con los derechos, los deberes y las facultades de los que estaban en servicio activo, defendiendo a la República.

Sol, Antonio y Eugenio se instruyeron en el manejo de las armas y de los artefactos propios de la guerra. Se los obligó, como a miles de españoles, a entrar a una guerra que no querían y que no provocaron y hubo que aceptarla. "Combatimos la guerra haciendo la guerra misma, sin saber nada", me decía a menudo mi padre, pero sí se sabían capaces de dar la vida por un compañero o de ir a la cárcel por sus ideas, como de hecho ocurrió.

En un principio no pudieron contar con la ayuda del gobierno republicano y debieron valerse por sus propios medios, y así, mal

---

19 | La escuela fue proyectada y construida durante la Segunda República, en el año 1933, por el arquitecto Valentín Ramón Lavín del Noval.

armados, mal equipados, casi sin instrucción y muchas veces sin mandos, frenaron a los franquistas, hasta que el 4 de noviembre de 1936 el gobierno republicano creó el Ejército del Norte, bajo la conducción del general Francisco Llano de la Encomienda. El Ejército del Norte estaba compuesto por tres Cuerpos de Ejército: el vasco, el santanderino y el asturiano. Al frente del santanderino estaba el teniente coronel José García Vayas.

Sol fue integrado como miliciano en el batallón de infantería 106 de Santander que estaba al mando de Faustino Fuentes y que, más adelante, pasó a ser comandado el mayor Manuel Zárate; fue organizado a finales de 1936 y fue destinado a la zona de San Martín de Elines, a unos 100 kilómetros de Santander, donde en principio no se registraba mayor actividad bélica[20], aunque eso cambió rápidamente. A fines de enero de 1937 les anunciaron que les iban a entregar la bandera republicana, señal de que iba a entrar en acción rápidamente.

Una crónica escrita por Luis Soler en El Cantábrico decía que había cierta inquietud entre los integrantes del batallón por recibir la bandera, que sería "estímulo imperioso, incentivo ardiente en las horas de fogosidad y de vehemencia que requiere la lucha. La clavaremos donde se nos mande, siempre en territorio enemigo y allí donde haya flameado victoriosa no se arriará jamás".

La resistencia al golpe fascista de Franco llevó a que en Cantabria se mantuviera la República durante trece meses. Miguel Ángel Solla Gutiérrez describe la situación:

[La] Falange inició la elaboración de sus planes subversivos a principios de 1936, cuando tuvieron lugar los primeros contactos con los militares del Regimiento de Infantería de Santander. [...] a mediados de mayo de 1936, unos 1.500 afiliados se encontraban preparados para pasar a la acción cuando llegara el momento, aunque únicamente trescientos de ellos se mostraban dispuestos a tomar las armas. Dos hechos limitaron drásticamente la eficacia de los preparativos falangistas;

---

20 | Vargas Alonso, Francisco Manuel. *Euzkadi y el Norte republicano. Las Brigadas Asturianas y Santanderinas en el frente vasco.*

de un lado, la escasez de armamento, que se intentó solventar, aunque con poco éxito, y, sobre todo, la acción policial, incrementada a principios de junio, tras el asesinato del director del diario izquierdista *La Región*, Luciano Malumbres, a manos de un pistolero falangista, que llevó a prisión a buena parte de sus dirigentes y cuadros más activos.[21]

Con el fracaso de la sublevación, el aparato gubernamental cántabro quedó en manos de los republicanos, quienes, a través del ya mencionado triunvirato, formado por los diputados Alonso, Ruiz Rebollo y Olazarán, tomaron las riendas y comenzaron a dictar disposiciones: incautaciones, detenciones a derechistas notorios, requisas de edificios y locales de los partidos conservadores. La rápida acción del sector republicano hizo que Santander, una provincia a la que se veía como conservadora, se pusiera del lado de la República.

A pesar de la superioridad naval y aérea, las fuerzas franquistas no pudieron avanzar en el frente Norte debido a la fuerte resistencia que encontraron y a las malas condiciones meteorológicas.

La guerra obligó a racionar la comida y pasar literalmente a toda la población a un estado bélico. Hubo quienes se aprovecharon de la situación y medraron con la guerra. En el diario *El Cantábrico*, que era el más leído en Santander, se publicaban avisos de la Conserjería de Propaganda como este:

Consejería de Propaganda.

COMERCIANTE.—Esta guerra no es para hacer negocios. No abuses de los precios.
CAMPESINO.—Acude con tus productos a los mercados, donde te serán pagados a precio remunerador.
CIUDADANO.—Nadie persigue al comercio honrado; pero seremos implacables con los negociantes sin escrúpulos.
UNA PERSONA, UNA RACION.
EN VEZ DE CRITICAR, COLABORA.
LEE CON ATENCION.—Trabajar en industrias de alimentación no es patente para percibir víveres en mayor cuantía que los demás ciudadanos.
Si tienes raciones de más en tu cartilla, acude inmediatamente a reformarla.
Estás obligado a denunciar en Conserjería de COMERCIO (Inspección, Muelle, 13, teléfono 2073) cuantas alteraciones de precios o abusos conozcas.

---

21 | Miguel Ángel Solla Gutiérrez. *La Guerra Civil en Cantabria: un conflicto desconocido*. Universidad de Cantabria. 2006.

En Cantabria hubo muchos comerciantes y particulares que apoyaron al Frente Popular. Un llamado publicado en *El Cantábrico* en el mes de setiembre daba cuenta de ese apoyo cuando pedía aclaración sobre los insumos que habían hecho llegar para los milicianos y efectivos que defendían la República. El listado, por su amplia conformación, es lo suficientemente explícito sobre el apoyo que recibía la República a poco de haber comenzado la guerra:

Almacenes Ribalaygua; Esperanza Aja; Almotacenía de Santander; Bar Sol; Calzados Ramos; Calzados Príncipe; José Calderón García; Café La Gloria; Niceto E. Díaz; Paulino Escobedo; El Recreo; Arsenio Puente Cabrero; Farmacia de Erásun; Garaje Valriva; Casa Gándara; González Cosio, Hermanos; Granja El Henar; Hotel Ignacia; Jesús Hermosilla; Hotel Maroño; Enrique Irueta; La Íbero-Tanagra; Óptica Ludy; Pedro Parra; Tomás Palacio Ortiz; Fidencio Pérez; Juan Peña; Restaurante El Puente; Ildefonso Ramos y Ramos; Manuel Romillo; Roque Sordo Gómez; Fernando Santos; Amado Vegas; Casa Viadero; Viuda de Valderrama; Viuda de F. Fons.

Durante los primeros meses de la guerra, la aviación franquista llevó a cabo diversas incursiones sobre la capital cántabra y el resto de la provincia, por lo que la gente debía acudir a los escasos refugios que había disponibles. En Toñanes todo el pueblo se escondió durante cinco días en la cueva del Bolao, escribió Juan Gómez Bárcena en *Lo demás es aire*. Es que la aviación italiana, la de Mussolini —que ayudaba a Franco como lo hicieron los alemanes de Hitler—, pasaba rasante, pero no tiraron bomba alguna. Solo pasaban para asustar, dicen, y el susto era tan grande que aquellos que eran niños recuerdan que sus padres les hacían morder trozos de madera hasta que les dolían las mandíbulas, para que no les temblaran los dientes. Pero en Toñanes hoy aquellos hechos quedaron cubiertos por un manto de olvido; hoy, los hijos de los hijos de los que vivieron aquellos años de la Guerra Civil dicen que en el pueblo no hubo guerra, porque en su casa no se hablaba de aquello.

Sin embargo, algo hubo, porque algunos naturales de Toñanes fueron presos por los franquistas a raíz de acciones realizadas durante el llamado "período rojo". Lo cuenta Gómez Bárcena: "Ignacio Rivas fue encarcelado por haber dado fuego a la iglesia del pueblo y haber tirado los santos al río, pero nunca se le probó nada". Y agrego ahora, en una suerte de ajuste de cuentas con Toñanes, que hubo también quienes sostuvieron que mi tío Eugenio estuvo entre la turba que prendió fuego la iglesia de San Tirso y tiró las estatuillas de los santos al río. Y aquí otra vez aparece el rumor, la delación como forma de control social y nadie se sonroja cuando en la ficha que se le abre a Eugenio para iniciar el proceso, en los primeros meses de 1940, se afirma que "el rumor público general del pueblo es que intervino en la destrucción de la iglesia y que el hecho fue cometido de madrugada por lo que testigos presenciales de reconocida absolvencia (sic) pueden dar fe de ser dicho individuo uno de los autores".

La ficha, igual a la que se abre a todos los presos políticos consta de datos sobre su filiación política. Aquí dice que es de ideología comunista, que fue voluntario de las milicias del frente rojo y que tiene a su tío y hermanos presos y una hermana residiendo en Toñanes.

A la hora de los testimonios el primero en ser interrogado fue Maximino Gómez Díez, un vecino de Toñanes. "Ignora si (Eugenio) estuvo en la destrucción de iglesia e imágenes del pueblo". Lo que sí afirma es que es de ideas izquierdistas y que se incorporó voluntariamente al frente rojo. En los mismos términos se manifestó Miguel Collado García, otro vecino de Toñanes.

La maestra Cambis Moreno también testificó en la causa contra Eugenio. "Sabe que es izquierdista afiliado a la CNT y que se enroló voluntariamente en el frente rojo. Manifiesta que fue rumor público lo de los destrozos en la iglesia, además de que el procesado lo habría dicho". Como quedó dicho antes, para esa fecha la docente estaba depurada y fue rehabilitada en 1942.

Pero el testimonio de Francisca Cianca Sánchez es lapidario para la suerte de Eugenio. Era lo que se estaba buscando para condenarlo. Esta mujer, de 25 años, nacida en Cádiz y afincada en Toñanes, "afirma conocer muy bien a Eugenio Ladra Pérez, que le consta que pertenecía a la FAI porque le vio durante el período rojo llevando las insignias y pañuelo con los colores de esta banda, que también le vio constantemente armado de pistola y que fue voluntario al frente rojo". Francisca Cianca declaró también que "intervino en la profanación de la Capilla del Cementerio y destrucción de la iglesia de Toñanes, que le oyó decir varias veces que lo había hecho y que se vanagloriaba de ello".

La declarante, "aunque no le vio destrozar las iglesias, presencio como el Eugenio Ladra Pérez llegó con un misal al puente del río y lo arrojó contra las piedras, destrozando todas las hojas, también vio un santo de madera que bajaba flotando por las aguas del rio y que quiso, junto con otras muchachas recogerlo y el Eugenio Ladra Pérez dijo que el que cogiese el santo recibiría dos tiros con la pistola que llevaba. La capilla del cementerio la acribillaron a balazos y el Eugenio Ladra he oído decir que fue quien tiró el retablo del altar de la iglesia de Toñanes". Francisca finaliza su testimonio por todo lo alto: "es un individuo muy peligroso por sus malos instintos y exaltado marxista".

Otro vecino, Teodoro Llano Fernández se expresó de la misma manera, con los mismos términos, en una declaración llamativamente o no tanto, casi calcada.

Y entonces, Claudín dice que en Toñanes hablaban de un milagro porque los santos flotaban, aunque todos sabían que era porque eran de madera. Claudín se ríe, levanta los hombros y agrega: «Mira, es el rumor que siempre escuché, pero que nunca se pudo probar». Es que como ocurre en todo el mundo, en los pueblos chicos muchas veces se habla por hablar y también se calla.

Pero lo que marcó a los santanderinos fueron los bombardeos del 27 de diciembre, cuando tras la orden de Franco, aviones alemanes sobrevolaron la ciudad sobre la una de la tarde y lanzaron bombas y mataron.

Cuando el domingo último, poco después de la una de la tarde, las sirenas dieron el toque de alarma, ante la presencia de aparatos facciosos, la gente no se apresuró a buscar los refugios. Había el precedente de otros días durante los cuales los aviones enemigos evolucionaban a gran altura, sin intentar atacar a la población indefensa, y nadie creía que fueran a actuar y efectuar un bombardeo sobre esta ciudad, que para ellos no puede tener objetivo alguno, y menos que lo hicieran a la hora en que casi toda la gente se hallaba tranquilamente en los paseos, muelles y jardines[22].

Aquel bombardeo a Santander, con 18 aparatos alemanes, la mitad trimotores Junkers Ju-52 de bombardeo y la otra mitad biplanos de caza Heinkel He-51, fue un ensayo general de lo que después vendría con Guernica del 26 de abril de 1937. Fueron 15 minutos de terror. Hubo 68 víctimas mortales, amén de un número muy considerable de heridos.

El Barrio Obrero del Rey fue la zona más dañada de la ciudad. Otra bomba cayó en el mercado de dicho barrio, destrozándolo[23]. De golpe, hombres, mujeres y niños, los más humildes, se vieron inmersos en eso que llamaban guerra entre hermanos y que hasta ese momento era algo aún lejano, un ataque a los civiles para atemorizar a la población entera.

Carmen Caballero caminaba con su hijito por el paseo Sánchez de Porrúa, frente al barrio Obrero del Rey. Iba orgullosa, estrenando su vestido, coqueta, se sentía admirada, pero también porque, aprovechando el día soleado, estrenó el cochecito-cama donde dormía plácidamente su hijito. Pero en un instante todo lo que brillaba se oscureció. El ataque de la aviación no le dio tiempo para refugiarse; el cochecito con el niño quedó a la deriva, rodando lentamente por la calle, mientras los vecinos corrían despavoridos huyendo de las bombas. Carmen corrió, pero no alcanzó. Carmen cayó fulminada. Como cayó fulminado Lucio Gómez Pérez administrador del diario *La Voz de Cantabria*, cuando paseaba con su esposa Dolores Gómez Chávez y su hija Lucila Gómez y Gómez.

Las represalias de los republicanos no tardaron en llegar esa misma tarde con el asesinato de 156 presos falangistas recluidos en el barco-prisión surto en el puerto, Alfonso Pérez, el mismo

---

22 | *El Diario Montañés*, 29 de diciembre de 1936.

23 | *La Voz de Cantabria*, 29 de diciembre de 1936.

que había sido usado para encarcelar a los activistas de la huelga de 1934, donde hubo una implicación directa de varios militantes anarquistas.

"Lideraron la masacre [en el barco] el comisario de policía del Frente Popular, Manuel Neila Martín, y el director general de Justicia, Teodoro Quijano. Los guardias del barco procedieron a cerrar todos los accesos a las bodegas, dejando solo una pequeña comunicación de aire a través de un tablón levantado", cuenta el historiador José Manuel Puente. "Lo quitaron y empezaron a lanzar granadas de mano por el hueco. Cuando terminaron, ametrallaron cuanto pudieron con ráfagas interminables. En ese primer contacto, debieron matar a unas 80 personas", narra el periodista y escritor Jesús Gutiérrez Flores. "A eso de la una del mediodía —prosigue Gutiérrez Flores— regresaron con listas de nombres. Empezaron a llamar a los presos a superficie, y arriba era donde los despachaban a tiros"[24].

Estos dos episodios: el bombardeo en el Barrio Obrero del Rey y la posterior represalia contra los presos que se encontraban en el barco Alfonso Pérez, se constituyeron en los episodios más dolorosos y sangrientos de los tantos ocurridos en Cantabria.

Los muertos en el barco Alfonso Pérez fueron exhumados y recibieron un funeral oficial en agosto de 1937, en el cementerio Ciriego, una vez que el franquismo ocupó Santander. El funeral fue una ceremonia solemne organizada por la Falange.

Los muertos por el ataque aéreo fueron ocultados durante mucho tiempo, no hay nada que los recuerde y los restos de muchos de los que cayeron por las bombas nazis se apilan en una fosa común.

Después de la caída de Santander y en los años posteriores, los franquistas convirtieron el episodio del barco Alfonso Pérez en un ícono de la 'barbarie roja', obviando el bombardeo previo.

Mientras, en los pueblos más importantes, como Cabezón de la Sal, un tal Ángel, conocido como El Neno, se convirtió

24 | Puente Fernández, José Manuel. *Una ciudad bajo las bombas. Bombardeos y refugios antiaéreos en el Santander republicano (julio1936 - agosto 1937)*, Librucos, Santander, 2011.

en jefe del comité de la CNT y con él se desató una gran represión, ejecutando gente bajo la acusación de no colaborar con la causa antifascista, al mismo tiempo que cobraba peaje para pasar gente adinerada a la zona sublevada y de esa manera no ejecutarlos. Un miliciano asturiano, conocedor de sus actos, acabó con su vida poco antes de la llegada de los franquistas, en agosto de 1937[25].

Algo parecido ocurrió con José Manuel García Sánchez, 'El Rojo de la Mata', que fue asesinado en junio de 1938, con apenas 24 años. Se le acusó de haber realizado numerosos 'paseos' a derechistas. Para entonces, 'El Rojo de la Mata', ya había caído en desgracia entre sus correligionarios, entre ellos Sol. Ocurrió que con la llegada de los franquistas se había replegado y se había casado con una mujer de San Vicente de la Barquera, donde había comenzado a trabajar como barbero. García Sánchez pensaba que, como había entregado salvoconductos durante el gobierno republicano, los franquistas no le iban a hacer nada, pero ese comportamiento poco ético fue castigado de la manera más atroz: los sublevados lo fueron a buscar, lo sacaron a la fuerza de su casa, lo mataron a palazos y lo pasearon por todo el pueblo de Cabezón en un carro donde habitualmente cargaban la carne del matadero de la zona[26].

En marzo de 1937 el batallón 106, donde revistaba Sol, quedó incorporado a la operación ofensiva lanzada por el general Francisco Llano de la Encomienda, jefe del Ejército del Norte, y atacó junto a otras fuerzas el frente de Sargentes de la Lora (Burgos). La unidad sufrió pocas bajas, pero entre ellas estuvo la del comisario político, Puértolas, muerto mientras encabezaba un contraataque entonando La Internacional[27].

25 | Gutiérrez Flores, Jesús. *Guerra Civil en Cantabria y pueblos de Castilla.*

26 | Gutiérrez Flores, Jesús. *Guerra Civil en Cantabria y pueblos de Castilla.*

27 | Vargas Alonso, Francisco Manuel. *Euzkadi y el Norte republicano. Las Brigadas Asturianas y Santanderinas en el frente vasco.*

El señor de la horca

Entre el 21 de setiembre y el 3, 4 y 31 de diciembre de 1936, cuando en Cantabria se resistía el golpe de Franco, un líder socialista, el comisario Manuel Neila Martín, fue el responsable de la muerte de dieciséis monjes cistercienses y dos monjas de la Abadía de Cóbreces, que fueron perseguidos, encerrados y asesinados de las formas más viles que se pudiera imaginar, lejos de las ideas del hombre nuevo. Los curas de Cóbreces eran trabajadores del campo, de la fábrica de queso, que empleaban a vecinos del pueblo, como lo habían hecho con José Ladra, el padre de Sol, para que hiciera trabajos de carpintería. Y los mataron por ser curas y porque creían que allí había un tesoro escondido. Neila Martín era conocido como "el señor de la horca y cuchillo del Santander republicano. Personaje tristemente célebre por ser en último término responsable de gran parte de los asesinatos y torturas que hubo en Santander"[28].

---

28 | Gutiérrez Flores, Jesús, y Gudín de la Lama, Enrique (2005.) *Cuatro derroteros militares de la Guerra Civil en Cantabria*, Monte Buciero.

Con el apoyo de la aviación alemana —la Legión Cóndor—, el día 26 de abril, tras haber bombardeado Jaén y Durango, se produjo el bombardeo de Guernica y comenzó el avance del bando sublevado en todo el norte. Los alemanes usaron la Guerra de España como un laboratorio para la guerra que ya preparaban y que se transformó en la Segunda Guerra Mundial

El 19 de mayo los sublevados contra la República lanzaron una ofensiva consistente en un bombardeo aéreo y artillero demoledor que diezmó a los batallones 106 y 139[29]. La suerte de Santander ya estaba echada y también la del mayor Zárate, que fue cesado; en su lugar fue nombrado el mayor Emilio Casado.

Seis días antes de la caída de Bilbao, el 13 de junio de 1937, el periodista Luis Soler[30] escribía en sus crónicas de guerra en el diario *El Cantábrico* una nota para dar ánimo a los combatientes cántabros, los de La Montaña, aunque dejaba entrever la existencia de algunos problemas internos; de hecho, el Frente Norte estaba agotado y diezmado:

> La Montaña con una clara visión del presente y del futuro supo adelantarse a las disposiciones oficiales, logrando crear una fuerza poderosa en el ataque y en la defensa. Organizó un competente cuadro de mandos, que fue instruyendo técnicamente para que adquiriese la mayor eficiencia, y supo prender

---

29 | Vargas Alonso, Francisco Manuel. *Dos batallas en el Frente Norte. Sollube y Jata (mayo de 1937)*. El 19 de mayo, tras cinco días de calma relativa, los sublevados lanzaron su ofensiva sobre Jata y las posiciones republicanas al nor-noreste de Mungia, las alturas de Gondramendi y Larragan. Al norte de la carretera Bermeo y Mungia atacaron las unidades bajo mando italiano, y al sur las fuerzas de la V de Navarra. El bombardeo aéreo y artillero fue demoledor. Lo peor se lo llevaron las unidades santanderinas de los batallones 106 y 139 que sólo entre muertos y desaparecidos perdieron unos 250 hombres. La mayor parte, caídos en manos de las fuerzas atacantes de Flechas y XXIII de Marzo. La V de Navarra tuvo un papel menor, avanzando al sur de la carretera que descendía del Sollube a Mungia, ocupando la altura de Larragan y cotas adyacentes. Al final, la resistencia republicana se parapetó en las ruinas de Mungia y en las inmediaciones de dicha localidad, quedando las alturas al este de la misma en manos franquistas. En días posteriores la lucha fue decreciendo, hasta quedar paralizada a finales del mes. La nueva embestida parece que costó no menos de 500 bajas republicanas, con un enorme desgaste de las fuerzas santanderinas citadas. Las bajas del bando nacional fueron la mitad de las defensoras, gracias a su superioridad material.

30 | Luis Soler González se exilió en Buenos Aires, Argentina. Llegó en el vapor *Copacabana* desde Amberes en agosto de 1939.

en el alma de los soldados el espíritu combativo y la moral de victoria. Todos los batallones, cuando el deber se lo ordenó, patentizaron su heroísmo. Hubo hechos colectivos que produjeron asombro. Se registraron casos aislados, que levantaron oleadas de admiración. En cada soldado hubo un valiente dispuesto a los mayores sacrificios por la causa de la Libertad. Cuando la guerra decline o finalice; cuando los periodistas podamos expresarnos libremente, sin las ligaduras a que obliga un poder que está por encima de nosotros y que acatamos respetuosamente, con disciplina ciudadana y militar, nosotros referiremos hechos colectivos e individuales que el mundo debe conocer y que la historia debe consignar.

Por hoy, podemos decir que estas acusadas virtudes de los soldados montañeses se reconocen en todo el territorio leal. Que se proclaman, a vientos, en Asturias y en Vizcaya, donde han quedado hondas huellas de un heroico y desinteresado comportamiento. Que el Gobierno de la República y el ministro de Defensa Nacional están orgullosos de nuestros combatientes. Que su organización y su disciplina sirven de ejemplo. Y que el día luminoso y florido de la victoria, cuando la gloria se incline al paso de los vencedores, se hará justicia al Ejército de Cantabria.

El gobernador de Santander, Ruiz Olazarán, quiso dar un último impulso a los combatientes, y en la noche del 21 de junio, ya con los datos en su poder de la gran ofensiva de los sublevados, se dirigió a la población a través de Radio Santander:

Yo hago una apelación, en nombre del Gobierno, a republicanos, socialistas, comunistas, sindicalistas, anarquistas —a todos los antifascistas, en suma—, para que formemos un bloque compacto que será el de la defensa común y que lo hagamos para no dar ni a nuestros combatientes, ni a nuestros camaradas, ni a la retaguardia, ni a nuestros enemigos, la más mínima sensación de desuniones que realmente no existen, pues todos estamos animados de la misma voluntad de vencer y todos somos conscientes de las gravísimas responsabilidades de la hora actual.

La suerte de los combatientes del batallón 106 se podía leer en los diarios *La Voz de Cantabria* y *El Cantábrico* porque habían empezado a proliferar en las páginas de esas publicaciones los obituarios pagos que ponían los familiares de los milicianos muertos en el campo de batalla.

El día 11 de abril, por ejemplo, se destacaron en la portada de El Cantábrico los avisos de las muertes de "el miliciano Santiago Gómez Salcines, el camarada José San Juan Seco y el también camarada Jesús Incera Abella". Otra noticia, perdida entre varias, informaba de las restricciones para las visitas en la Casa de Salud Valdecilla: "Dado el gran número de enfermos y heridos acogidos en este centro médico y a fin de que los servicios clínicos no se perturben en perjuicio de los pacientes, las visitas se restringen a dos días, jueves y domingo, y solo podrán estar allí una hora, de tres a cuatro de la tarde".

En esos días arreciaban los bombardeos de las aviaciones nazis y fascistas. Largaban bombas sobre las poblaciones rurales y sobre Santander, mostrando su superioridad y con el objetivo de desmoralizar y atemorizar a la población, que recordaba el ataque al Barrio Obrero del Rey. La necesidad de tener más refugios antiaéreos se volvió imperiosa. El gobierno republicano debió llevar adelante una campaña de recolección de fondos para mantener los existentes y construir nuevos. A fines de mayo se dio a conocer la cifra de la suscripción pro refugios: 97.381,06 pesetas. En esas fechas, además, se repartieron miles de papeletas con recomendaciones a la población sobre el uso de los refugios:

SI QUIERES SALVARTE DE LOS BOMBARDEOS

- No te detengas a pensar dónde está la mayor o menor seguridad. Preferir unos refugios a otros es dudar de las garantías técnicas. Todos los refugios oficiales reúnen semejantes condiciones de seguridad.
- El pretender llegar a un refugio más lejano, teniendo otro cerca del lugar en que te encuentres cuando oigas la sirena de alarma, es exponerte a serios peligros. Es exponerte a que no tengas tiempo de llegar al refugio preferido.

- No titubees cuando oigas la suena de alarma. En el refugio más próximo está tu seguridad. Titubear en esos momentos puede tener para ti unas consecuencias trágicas.
- No lo olvides. Tenlo presente; hazlo preocupación en ti. Entre un refugio cercano a tus pasos, a tu casa, al lugar donde trabajes, y otro alejado del sitio en que te sorprenda el aviso de peligro, puede estar la muerte.
- Lo más seguro en esos instantes es lo más cercano. Lo más cercano es lo que te ofrece mayores posibilidades de salvación.
- Si vas por la orilla de un río y comienzan a perseguirte unos enemigos, ¿te detendrías a pensar qué puente reúne mejores condiciones para pasar a la otra orilla donde sabes que tienes defensa? Pues aplica esto a los refugios.

CONSERJERÍA DE PROPAGANDA

La caída de Santander, el 26 de agosto de 1937, cuando las fuerzas franquistas entraron en la ciudad, fue un golpe tan duro como inevitable para la República, dada la superioridad del enemigo, que contaba con el apoyo de los fascistas italianos, sobre todo con su aviación, pero también con miles de soldados. Ese día, el periódico La Stampa de Turín publicaba: "¡Ha caído Santander! La gloria y el mérito de Italia fascista reside en haber participado en la lucha con el peso decisivo de sus divisiones". Al día siguiente, la noticia fue la portada de Il Popolo, el periódico de Mussolini, que se solazaba con la caída de la capital cántabra:

**SANTANDER
SPLENDIDA VITTORIA ITALIANA**

Las crónicas de la toma de Santander, con un pueblo saludando jubiloso a las milicias franquistas, fue el clímax de una acción militar iniciada días antes, el 14 de agosto. Los 13 meses de racionamiento, de incertidumbre y bombardeos, de guerra sin fin, habían minado la moral de todos. "Para muchos la política ya era lo de menos, querían volver a la normalidad, sin más", explicó a *El Diario Montañés* el historiador Miguel Ángel Solla.

La razón de la caída de Santander, además de la superioridad del enemigo, fue que del lado republicano cundió la desorganización y desmoralización. Así lo señalan los informes que se debieron redactar a pedido del Juez especial sumariante Juan José González de la Calle, para que explicaran las razones que motivaron la pérdida de la plaza militar de Santander.

Nuestras fuerzas oponen muy reducida resistencia. No sirven ya las arengas y las amenazas. Obligados a retroceder constantemente por la presión del enemigo, sin dormir, por no haber posibilidades de efectuar relevos ordenados, por falta de reservas con que hacerlo, alimentados en malas condiciones; la mayor parte de los elementos de cocina habían sido perdidos o destrozados por los bombardeos, se llega a la situación de angustia y de extrema gravedad. Jefes y Comisarios realizan esfuerzos sobrehumanos para levantar la moral de los soldados, sin conseguirlo.

El derrumbe de Santander dejó a Asturias como el último bastión de resistencia republicana en el norte, pero era tal la superioridad de los franquistas y sus aliados que en poco tiempo, y casi sin pérdidas, entre el 21 y el 22 de octubre, completaron la ocupación.

En opinión de muchos historiadores, la conquista del norte tuvo graves consecuencias para la República. No sólo perdieron las minas de carbón y hierro de la zona, sino que, en adelante, los franquistas pudieron concentrar todas sus tropas en la zona sur.

12
Los perdedores

"En el día de hoy, cautivo y desarmado el Ejército Rojo,
han alcanzado las tropas nacionales sus últimos objetivos
militares. La guerra ha terminado".
El Generalísimo Franco
Burgos, 1° Abril 1939.

Así, literalmente, las palabras manuscritas del dictador Francisco Franco pusieron punto final a la Guerra de España. Fue el único parte firmado por Franco, quien, se dice, revisó minuciosamente su redacción y le hizo varias correcciones. El texto definitivo fue llevado a toda carrera desde el Palacio de la Isla, en Burgos, sede del gobierno franquista durante la guerra, hasta el entonces estudio de Radio Nacional de España, en el Paseo del Espolón. Fue leído a las 22:30 horas por el actor y locutor Fernando Fernández de Córdoba.

Sin embargo, para Juan Fernández Ayala, Juanín, la guerra continuó. Él fue el último guerrillero abatido por la Guardia Civil, un miércoles de abril de 1957. Fue en Cantabria, en la zona de Castro Urdiales.

La historia es así: en agosto de 1937, cuando cayó Santander, Juanín también cayó, lo sentaron frente a un tribunal militar y lo condenaron a muerte, pero luego le conmutaron la sentencia por doce años de prisión. Cumplió cuatro años de esa condena y quedó en libertad condicional. Todas las semanas debía ir al cuartel de la Guardia Civil a firmar y todas las semanas le daban una paliza para que supiera bien quién era el que había ganado la guerra y quién mandaba. Hasta que un día, harto de las golpizas, se escapó al monte y ahí comenzó la leyenda. Todo lo que pasaba en aquella región de Cantabria y que no se pudiera explicar — un robo, un asesinato, hasta un árbol que se caía, lo que fuera—

siempre era culpa de aquel Juanín y de su compinche, Francisco Bedoya, otro que se había escapado al monte.

Juanín se terminó transformando en un mito y no hay nada más molesto para los dictadores que un mito, porque es algo inasible, que está más allá de la comprensión. Por eso, a Juanín lo persiguieron para darle caza y tardaron veinte años en encontrarlo. Y, cuando lo encontraron, lo fusilaron y creyeron que así terminaban con el mito, pero fue al revés, el mito creció tanto que desde 1957 hasta el día de hoy, el lugar en el que cayó Juanín, al borde de la carretera, abatido por un cabo de la Guardia Civil que le disparó por la espalda, siempre tiene flores y no se sabe quién las pone allí.

Fue el último héroe de una guerra que no había terminado, porque los vencedores —aquellos de "vencieron, pero no convencieron"— siguieron matando en una especie de limpieza política, sobre todo en las zonas rurales. Siguieron matando para que no quedara huella alguna, para que se olvidara a quienes se les habían resistido.

Con el derrumbe de Santander, el primero de los Ladra Pérez en caer fue Antonio, quien desde el 29 de enero de 1937 revistaba ya como teniente del batallón 107. Le siguió Sol, que fue reducido a prisión el 21 de octubre de 1937. Mientras tanto, Eugenio, que en mayo de 1937 estaba destinado en Cabezón de la Sal como miliciano en la sección de ametralladoras del batallón de infantería 126, recién cayó el 25 de mayo de 1938. Tenía 19 años.

Hasta Tinón cayó, aunque mucho más tarde, el 22 de diciembre de 1944, fue sobreseído de responsabilidades políticas.

Y así fueron presos miles y miles de jóvenes como Sol, Antonio y Eugenio, después de haber defendido a la República con uñas y dientes —y muchos sin dientes—, como podían, donde podían y con lo que podían[31].

El informe del capitán José Estrugo Hazán, ayudante del general republicano José Miaja, fechado en Valencia el 30 de

---

31 | "Sin armas casi, nuestros carros de combate eran insignificantes, no solo en número, frente a la enorme cantidad que tenían los nacionalistas, sino que además eran lentos; deshechos de guerra. Solo los carros rusos pudieron realizar una labor más adecuada, pero que no alcanzó frente a la abrumadora superioridad del enemigo" (Informe del comisario de Guerra Antonio Somaruba).

setiembre de 1937, es lapidario. Después de un pormenorizado análisis sobre la actuación de cada una de las quince brigadas que componían las fuerzas santanderinas, concluye:

> En resumen, se ha perdido todo lo que no se debía perder, por incompetencia, traición, politiquería, desorganización, sabotaje, quinta columna, blandura en los altos mandos que podrían influir en la eliminación de ello, pero que dejaron paso libre a la intriga y a la mala política en perjuicio evidente de la guerra. Resultando también trágico, la entrega al enemigo de muchísimo material de guerra y de veinte y tantos mil de nuestros mejores soldados que se verán obligados a tomar las armas en contra de nosotros. Por comisión y omisión, por dejadez, indiferencia, etc. Se ha pecado en contra de la República y agravado la situación general.

La lectura de los informes sobre la caída de Santander provoca desazón y bronca a la vez, porque en esa guerra cruenta y sanguinaria miles de jóvenes idealistas se lanzaron a defender la institucionalidad y las conquistas sociales, al mismo tiempo que muchos de sus jefes militares actuaron de manera indolente, cuando no enfrentados entre sí. Fueron muchos los jóvenes que se vieron desamparados y también traicionados, ¿por qué no decirlo? Y perdieron, fueron presos y terminaron en campos de concentración.

Cantabria fue donde hubo un mayor número de campos de concentración con relación al territorio y a la población: diez. En total se ha logrado identificar 296 campos de concentración oficiales, abiertos en otras tantas ciudades y pueblos españoles. La mayoría de los campos fueron abiertos por las tropas fascistas italianas.

"En los campos de concentración franquistas no hubo cámaras de gas, pero se practicó el exterminio y se explotó a los cautivos como trabajadores esclavos. En España no hubo un genocidio judío o gitano, pero sí hubo un verdadero holocausto ideológico, una solución final contra quienes pensaban de forma diferente", escribió el periodista Carlos Hernández, autor de Los campos de concentración de Franco.

De modo que los campos de concentración persiguieron el objetivo diseñado desde la cúpula militar: amedrentar a los cautivos y lavarles el cerebro para evitar que pudieran representar una amenaza para la dictadura. Los documentos oficiales y la prensa del Movimiento describían gráficamente cuál era el fin último de este adoctrinamiento forzoso: "Ganarlos para la causa de la nueva España, para la fe en Dios, para el amor a la Patria, para la veneración por el Caudillo providencial que nos rige...".

Diariamente, los prisioneros eran obligados a cantar los himnos franquistas, realizar el saludo fascista, asistir a charlas 'patrióticas' y participar en misas y otros actos religiosos. Todo ello en un entorno de malos tratos, humillaciones, enfermedades y hambre que formaban parte del proceso de deshumanización al que eran sometidos. Mientras, las mujeres eran encarceladas y se hostigó a los homosexuales hasta bien entrado el franquismo[32].

Carlos Hernández me dijo a través de una comunicación que entablé por mensaje de twitter, que como no hay un listado nominativo de prisioneros, se puede especular a través de fechas y procedencias. Lo más probable es que Sol haya sido enviado a Laredo, donde hubo un campo muy activo y por el que pasaron miles de prisioneros, muchos integrantes del batallón 126.

El campo de Laredo era un gran terreno que comprendía una cancha de fútbol y varios edificios aledaños, rodeados por alambre de púas. Estuvo operativo desde agosto de 1937 hasta, al menos, enero de 1938. Allí, en el amontonamiento de hombres, todos jóvenes, muertos de frío, mal comidos, que trataban de descansar apretados bajo mantas malolientes, embarrados y llenos de piojos, lo que parecía un regreso a las pestes de la Edad Media, debió estar Sol.

Pero ya el día 4 de enero de 1938, Sol fue derivado a la Colonia Penitenciaria del Dueso, en Santoña. Allí, como ocurrió en Laredo, estuvo preso por los italianos de Mussolini. Mi padre supo lo que era derrotar a los italianos, pues había participado de la dulce victoria de los milicianos en la batalla del Puerto del Escudo, en aquel verano de 1937, contra las fuerzas fascis-

---

32 | Carlos Hernández de Miguel. *Los campos de concentración de Franco.* Ediciones B, 2019.

tas: "los italianos tenían buenos carros de combate y los mejores armamentos, pero cuando nos vieron dejaron todo y salieron corriendo, dejaron camiones llenos de metralletas y cañones", me contaba mi padre.

Los italianos perdieron aquella vez, pero después se vengaron de quienes los habían derrotado, recluyéndolos en una cárcel que hoy sigue como tal. Tres mil presos tuvieron en la Colonia del Dueso, tres mil milicianos, entre los que estaba Sol. En ese lugar se abrió un expediente, una hoja de conducción, donde constan las señas particulares, los ojos, color del iris, el cabello, la piel, forma de las cejas, nariz, boca, barba, cara y altura, la huella del pulgar derecho y otros datos, por ejemplo cómo iba vestido: "corriente de paisano", dice la ficha, y también dice que el motivo de la conducción son "Diligencias", que la pena se ignora y que se halla a disposición de la Auditoría de Guerra de la 5ª Región Militar: Juzgado Militar N.º 66. Con 23 años, "ingresa en esta Colonia procedente de los campos de concentración de Santander y a disposición de la Auditoría de Guerra del Ejército de ocupación".

Será en este centro penitenciario en el que le pondrán el nombre de José, dado que las autoridades franquistas no reconocían el nombre de Sol por sus reminiscencias libertarias. Muchos años después, el consulado español en Uruguay pudo aclarar que José Ladra y Sol Ladra eran la misma persona[33].

Su hermano Eugenio no corrió mejor suerte. Estaba destacado en Nava, Asturias, pero el 21 de octubre de 1937, con la entrada triunfal de las unidades de la III y V Brigadas de Navarra, cruzó a pie el pueblo y logró eludir a las fuerzas franquistas. No hay mucha información sobre cómo se movió y con quién, pero lo cierto es que recién el 25 de mayo de 1938 fue detenido en Toñanes. No lo tengo claro, ni hay documento alguno que lo refiera, pero es posible que lo hayan ubicado gracias al chivatazo

---

33 |Hay un documento, firmado por el canciller encargado del consulado general de España, Luis Canales Molina, de julio de 1993 que aclara el tema: "Por errores atribuibles a la documentación con la que fue anotado en España en los establecimientos penitenciarios en los que estuvo recluido durante la pasada Guerra Civil española, en ella figura como José tratándose de la misma persona, Sol Ladra Pérez, que figura en su partida de nacimiento original".

de algún jefe local, algún ave de rapiña representante de la dictadura, aquellos que recorrían los pueblos en busca de rojos hasta debajo de las piedras.

Una vez que fue detenido lo enviaron al campo de concentración del Seminario de Monte Corbán, que operó entre setiembre de 1937 y noviembre de 1939. Cuando fue ingresado, Eugenio recibió un plato y una cuchara. Eso fue todo. Ni una manta, ni ningún otro tipo de prenda.

Como a todos, lo raparon al ingresar, para evitar los piojos que pululaban. Todas las tardes, después del rancho —un rancho pobre, aguado, sin sabor alguno—, los dejaban prontos para tomar clases patrióticas-religiosas. Hay una foto que está en poder de la Biblioteca Nacional de España donde se ve a unos veinte presos y a un cura en un salón, en el pizarrón se lee:

"España descubridora"
"España civilizadora"
"España salvadora"

Campo de concentración seminario Monte Corbán
(Agosto de 1938)

¿Alguna de esas nucas que se ve en la foto sería la de Eugenio?

Otra de las actividades que tenía que tomar de manera obligatoria en Corbán eran las explicaciones que todos los días daba un militar sobre el retroceso de las tropas republicanas durante la guerra. Este era un ejercicio reiterado en todos los campos de concentración y tenía como objetivo minar la moral de los cautivos[34].

Eugenio estuvo en Corbán hasta julio de 1939, cuando fue enviado a la Prisión Provincial de Santander. Al salir tuvo que devolver el plato y la cuchara.

En esa prisión estaba, desde diciembre de 1938, su hermano. Allí se iba a encontrar con José Ladra Pérez, el nacido en Montevideo, Uruguay, ahora vecino de Toñanes, provincia de Santander, hijo de José y de Mercedes, de 23 años, nacido el 1 de mayo de 1914, de oficio labrador, dice el expediente. Que es soltero y por tanto hay una raya donde dice nombre de la esposa y otra donde dice hijos, y dice que no constan antecedentes y que ingresa por primera vez, y está la huella dactilar del pulgar derecho. Y al final se le abre un expediente procesal, el 20.886, pero sin causa y, sin embargo, igual lo reducen a prisión y le dan veinte años de condena, hasta 1957.

Y Eugenio, natural de Toñanes, hijo del mismo José y la misma Mercedes, un labrador soltero, sin antecedentes, que ingresa por primera vez a una cárcel, según dice la ficha. Se le abre una causa, la 23.385, y en ese documento se especifica que también procedía del campo de Corbán y que fue entregado por las fuerzas de caballería. Y así, sin más, de manera sumaria, le dieron treinta años de condena. Treinta años de prisión para un hombre que no tenía antecedentes, que ingresaba a una cárcel por primera vez a sus 21 años.

¿De qué lo acusaban? Como en muchas causas, de cosas que nunca se probaron, pero por las dudas siempre iban acompañadas de la frase que funcionaba como un comodín: "adhesión a la rebelión". Es curioso, porque en verdad los que se rebelaron, o mejor dicho, se sublevaron, fueron los falangistas. Fue Franco

---

34 | ‹http://www.loscamposdeconcentraciondefranco.es/campos/92›.

y el resto de generales africanistas quienes se alzaron en armas contra la República.

Como sea, la condena, fechada en agosto de 1941, establecía que el motivo del procesamiento era la intervención de Eugenio "en el incendio, saqueo y profanación de la iglesia de Toñanes, en cuya localidad se hallaba al iniciarse el Glorioso Movimiento Nacional, donde profanó, tiroteó y arrojó al río e hizo mofa de los ornamentos sagrados y que después de ello fue voluntario a las milicias rojas hasta ser hecho prisionero".

El ministerio Fiscal solicitó por estos hechos treinta años de pena de reclusión mayor, por estimar que era autor de un delito de adhesión a la rebelión, en cambio el defensor pidió su absolución por cuanto estimó que no fue autor de ningún hecho delictivo. Sin embargo, el juez militar ratificó la pena, aunque luego, en los considerandos, se la conmutó por otra menor, de doce años y un día, teniendo en cuenta que "el penado acababa de cumplir los 18 años cuando realizó el hecho y que no consta que haya sido el autor principal".

Apenas seis meses estuvieron juntos los hermanos Sol y Eugenio Ladra en la Prisión Provincial de Santander. De Antonio nada se sabía, solo que estaba preso y que Merceditas iba de un lado para el otro, elevando peticiones para salvarlo del fusilamiento al que había sido condenado.

Sol fue trasladado a la cárcel de La Tabacalera. La temible cárcel ubicada en un edificio que fue levantado en el año 1900 como depósito de tabacos, pero que fue reconvertido en depósito para los presos políticos. Oficialmente, abrió el 9 de marzo de 1939, pero ya en octubre de 1938 estaba operativa aunque sin recibir presos.

"Aquello estaba lleno, casi no se podía caminar y en algún lugar me ubicaron y entre todos esperábamos la noche. Lo peor era la noche. Me costó encontrar un lugar; estábamos todos como una piña, unos con otros, debajo de alguna manta para calentar los cuerpos", me contó mi padre, y no hablaba mucho más. Callaba y yo no preguntaba, y me pregunto ahora, me cuestiono ahora por qué no pregunté. Quizás mi padre no me contó por amor y quizás yo no pregunté por lo mismo.

Pero ahora quiero saber, ahora quiero que mi hija lo sepa, que conozca de la familia de su abuelo, aunque sea a través de las notas oficiales, de los expedientes, de las voces que se esconden en esos papeles viejos, gastados, polvorientos, que están guardados en la Biblioteca Central de Cantabria y Archivo Histórico Provincial de Santander levantado en el mismo edificio donde Sol estuvo preso, el mismo lugar donde se enfermó, la prisión de La Tabacalera.

Mi tío Eugenio me contó que de día había muy poco para hacer; solo discutir un poco más que de costumbre. "Tu padre era muy polemista, se trenzaba con los comunistas y les enrostraba que mientras nosotros estábamos en el frente con aquellas armas de mala muerte, ellos se pavoneaban en la retaguardia con relucientes pistolas". Y tú qué decías, le pregunté. "Pues yo… bueno, nada, le daba la razón, porque ya no podíamos seguir discutiendo, ¡ya basta!".

Al parecer, ni siquiera en la cárcel tras la derrota se esfumaron las diferencias internas que había entre las distintas sensibilidades u organizaciones políticas de los republicanos: allí convivían comunistas estalinistas, marxistas antiestalinistas, socialistas, anarcosindicalistas e incluso aquellos que ni siquiera tenían un encuadre político definido, como los partidarios de la democracia liberal o militares leales.

El escritor Isidro Cicero cuenta que, con la caída de Cantabria en poder de Franco y la consiguiente concentración de prisioneros en la ciudad de Santander, "de los cincuenta mil hombres y mujeres que fueron confinados en distintos campos de concentración y prisiones de la ciudad, quizá el más siniestro fue La Tabacalera, porque fue el que más muertos registró por enfermedades, insalubridad, hambre y malos tratos. Aquí llegaron a estar amontonados unos seis mil infelices sometidos a unas vejaciones indescriptibles".

Basta leer y ver la ficha del penado José Ladra Pérez cuando ingresa a la Prisión Central Tabacalera. Es una cartulina de tamaño de 21 por 30 cm que lleva su nombre y donde se detallan las prendas y efectos que recibe durante su permanencia en el Establecimiento.

Prendas y efectos	Núm	Fecha en que la recibe	Observaciones
Plato	1	15 de mayo de 1940	Firma de José Ladra Pérez

Está fechado el 15 de mayo de 1940 y abajo nuevamente está la firma del penado.

¿Qué se puede decir frente a esa hoja, ochenta años después de haber sido escrita? ¿Qué nos dicen esas letras torpes y una firma de compromiso claramente? Es una hoja casi toda en blanco, que habla de soledad, de miedo, de dolor. Y a pesar de ser una fotocopia de la ficha original, se puede oler el drama: un plato. Lo leo una y otra vez, se lo muestro a amigos, muchos de ellos incluso que estuvieron presos por la dictadura uruguaya y se emocionan. Lo sienten como propio. "Ya estoy viejo", me dijo Pedro, que aún tiene en su cuerpo la bala con la que lo bajaron de un árbol cuando en mayo de 1975 quiso escapar de la sesión de tortura en el Departamento de Inteligencia de la Policía de Montevideo. "Ya estoy viejo", me dijo y le corrieron unas lágrimas que quiso disimular. Es que esa ficha, ese plato, nos interpela hoy y da cuenta de la dimensión de la guerra, del sufrimiento que va más allá de lo vivido. Más allá de lo dicho y lo callado, de lo encontrado y lo escondido. Un plato, eso es todo, un plato es lo que le entregan al prisionero. Un plato y coma con la mano. Un plato y nada más.

El expediente 20.886 del procedimiento sumarísimo ordinario contra José Ladra Pérez fue sumando oficios, denuncias la mayoría de las veces sin contrastar, a veces realizadas por miedo. El sumario se inicia con una denuncia realizada por el soldado miliciano de la CNT, Ceferino Díaz Collado integrante de la primera compañía del batallón 335 Columna Temple y Rebeldía, quien ya estaba preso en El Dueso. En una nota manuscrita por un funcionario del campo, fechada el 9 de febrero de 1938, denunció al detenido, compañero en el Dueso, "José Ladra, vecino de Toñanes, por haber tomado parte en los asesinatos del falangista Augusto, Dn. Domingo Varela y el cura párroco Dn. Félix (Legido), los tres vecinos de Cóbreces". Agrega la nota que "el denunciante sospecha que ha intervenido también en otros asesinatos verificados en el lugar denominado Río Cabo, Torrelavega. Intervino también en la requisa de muebles de algunos vecinos".

Lo escrito en ese papel, en la denuncia informal, fue ratificado ante el Juez Militar de Santoña, pero ahí en ese escrito ya comienzan a aparecer las primeras contradicciones que se repiten a lo largo del todo el expediente. Dice así: "reafirma la denuncia contra José Ladra y que lo sabe porque se lo ha dicho la hermana del declarante, Blanca Díaz Collado y además por ser público y notorio en el pueblo la participación del referido Ladra en los asesinatos y saqueos y demás hechos ocurridos en la comarca aquella. Por tanto los vecinos y autoridades de Toñanes lo pueden atestiguar".

Y uno tras otro, se sumaban papeles y más papeles, muchas acusaciones sin sustento, delaciones para sobrevivir o por miedo de lo que le fuera a pasar a los familiares que estaban en libertad. Es probable que Ceferino Díaz Collado haya actuado así para sobrevivir ante las condiciones de rigor extremo del sistema carcelario y por la seguridad de su familia, en este caso su hermana. Este tipo de acciones le permitió a la dictadura franquista tener informadores a cambio de nada, una rebaja en la pena o la libertad, en otros casos.

Sol aparece señalado por los rumores de que en el pueblo se decía que seguramente había estado involucrado en las muertes del barco Alfonso Pérez y otros más o menos graves. Pude ver en el expediente que, por ejemplo, en procura de apuntarlo como responsable de asesinatos de "derechistas" en la localidad de Comillas, un municipio vecino de Toñanes, adjuntaron a su expediente, un "listado de las personas desaparecidas y asesinadas durante el periodo rojo". Cinco desaparecidos y 33 asesinados, dice la nota oficial fechada el 6 de agosto de 1941.

Para condenar a Sol se hicieron decenas de citaciones a testigos. Se les preguntaba sobre el asesinato del cura Félix Legido, sobre los muertos en el barco u otras acciones criminales. El jefe de la falange local, Jesús Aguayo, encabezaba los interrogatorios a los supuestos testigos. El mismo lo acusó por datos que le dieron. Algunos señalaban a Sol como un asesino, como testificó José Luis Fernández Torre, vecino de Cóbreces, quien dijo que "mató al cura, y si no fue, estaba cerca de los asesinos" o como dijo en el interrogatorio Jesús Díaz otro vecino de la misma localidad: "es un elemento peligroso capaz de cometer atropellos y que el rumor público es que siempre andaba con la camarilla del Frente Popular". Pero hubo otros testimonios, como el de Carolina Gómez Diaz, vecina de Toñanes, que se animó a declarar que Aguayo trataba "por todos los medios de sacar de mentira verdad".

Pero la causa contra Sol se cayó cuando testificó el Jefe de la Falange de Cabezón de la Sal. Este falangista dijo desconocer por completo las actuaciones criminales de Sol y agregó que como hacia siete meses que había asumido – el interrogatorio se desarrolló en julio de 1942 – revisó en los archivos de la Falange y confirmó que no aparecen cargos graves.

Algo parecido fue el testimonio de Emilio Pérez González, otro falangista, Delegado de la 'Información de Novales, otra población cántabra, quien manifestó que "debe hacer constar que los informes sobre la muerte del cura y otros hechos, como la irrupción en casas para asesinar a derechistas o el caso de los muertos en el barco, se lo dijeron afiliados a la Falange sin poder precisar quiénes fueron y que por ese motivo no puede decir a ciencia cierta que dicho José Ladra interviniera ni directa ni indirectamente en el asesinato del párroco de Cóbreces ni en otros asesinatos que se le acusan, puesto que todo es en base a rumores públicos, sin testigos presenciales".

A pesar de las contradicciones entre los testigos e incluso la dignidad de algún falangista con sentido institucional, que no avaló las denuncias, igual se le instruyó un Consejo de Guerra.

"Paseos" y 23 muertes

El 27 de octubre de 1941, el juez militar de Santoña ratifica la prisión de José Ladra porque "era de ideas izquierdistas, afiliado al Partido Comunista, gran propagandista, que formó parte de las Juventudes Libertarias de Cabezón de la Sal, siendo pistolero y voluntario al frente rojo, fue policía de la checa roja dedicándose a detener a personas de derechas [para] darles un paseo, entre otras al Sr. Cura de Peñarrubia, jactándose de haber tomado parte en la matanza del barco prisión habiendo matado él solo a 23 de ellos, que fue quien detuvo y sacó de su casa de Comillas a un joven de Santander que desapareció".

Veintitrés muertos le adjudicaron a mi padre para condenarlo a veinte años de prisión, pero no hay documento alguno que certifique que haya matado a esa cantidad de personas, no hay nombres, no hay deudos que reclamen por esos veintitrés muertos. Solo hay un papel firmado por un juez militar.

Este dato era algo desconocido en mi familia. Nos vinimos a enterar cuando mi hija, Eugenia, fue a recuperar la memoria de su abuelo, a quien no conoció, en febrero de 2018. Habían pasado más de 77 años de aquellos sucesos.

Eugenia había ido a Santander para transitar el duelo por la muerte de Berta, su abuela materna, en Uruguay. Fue en la Tabacalera, ahora sede del Archivo Histórico de Cantabria, que consiguió algunos documentos sobre la vida de su abuelo Sol y su tío abuelo Eugenio.

Esas vivencias, la muerte de su abuela y la búsqueda de la historia de su abuelo las usó en una pequeña novela: *El espacio podría sonar así*[35].

En esos papeles leo sobre lo que se lo acusa: la desaparición y muerte de veintitrés personas, el incendio de una iglesia, la actividad subversiva y anarquista. Los cargos están explicados en párrafos escritos en máquina de escribir y los leo una, dos, diez veces, pero las muertes no me entran en la cabeza. Las entiendo,

---

35 | Ladra, Eugenia. *El Espacio podría sonar así*. Editorial Fardo. Montevideo, noviembre de 2020.

las construyo en mi imaginación, pero no se quedan, enseguida se esfuman y tengo que volver a leer.

Pienso en la parte más primitiva de mi existencia, en la sangre de la cual desciendo. Me pregunto qué tendré de ese hombre que mató a otros hombres. Qué nos hará iguales. Me abstraigo del contexto político y pienso en Sol, mi abuelo, como un asesino. En la definición básica: una persona que elimina la vida de otra. Vengo de alguien que mató a los que mataban. Del héroe juzgado. Del calor de la venganza. Del espasmo. Del desacuerdo que es sangre. Desciendo de un hombre que veintitrés veces pensó y actuó.

[...] No voy a saber nunca la veracidad de esos papeles. Tampoco voy a saber si mi abuela conocía algo de este mundo y decidió callar, incluso años después de que Sol muriera. O si, en realidad, no sabía que cada noche dormía al lado de un hombre y veintitrés más.

Nadie nos puede dar fe de si es cierto que con 23 años mi padre fue el responsable de haber matado a veintitrés personas. Solo sabíamos que había estado en una guerra, una guerra de españoles contra españoles y en su caso también contra italianos.

En ese papel dice eso, pero en los recuerdos que tengo de mi padre no puedo asociar a su memoria veintitrés muertos. ¡De ninguna manera! Me lo imagino haciendo el amor, gestándonos a mi hermano Aníbal, a mi hermana Laura y a mí, junto a mi madre y veintitrés fantasmas. ¡Qué crueldad para nuestra familia! ¡Para mi madre, para mi hermana, para la vecina de la cuadra, la señora Reina, ni para los amigos de Sol! La historia dice que él solo, con 23 años, mató a veintitrés personas, y a un cura y a otro muchacho, Y que se jactaba de ello, pero es una historia que se repite cuando no hay verdad, cuando no hay justicia, cuando la memoria está silenciada. Hay que buscar un culpable y ahí está el primero que se cruza.

Había que justificar como fuera una pena tan abultada: veinte años. Había que sumar muertes, acreditárselas a alguien como si fuera un cheque en blanco donde alguien pone la cifra, no hacía falta probarlas: era un rojo, con eso alcanzaba, era un asesino. Con esos veintitrés cerraba la cuenta, el balance.

Mi familia necesita saber esa verdad y sabemos que nunca la vamos a tener. Ha pasado mucho tiempo, demasiado.

Un año atrás de la ratificación del juez de Santoña contra José Ladra, Eugenio Ladra había sido ingresado a la cárcel de La Tabacalera, y en su ficha queda explicitado lo que se le entregó: una manta.

Prendas y efectos	Núm	Fecha en que la recibe
Manta	1	28 de octubre de 1940

Está fechado el 28 de octubre de 1940 y abajo está la firma del penado.

Una manta para la cárcel más terrible que hubo en Santander.

El 20 de mayo de 1941 se reúne el Consejo de Guerra para juzgar a Asunción Cabeza Salmón, a Francisco García Noriega, a Ángel Hernández Hurtado, a Eugenio Ladra Pérez, a Manuel Gutiérrez Quintanal, a Manuel Arozamena Gómez y a Valeriano Pérez Guerra.

A Asunción le imponen una pena de doce años y un día con propuesta de conmutación por seis años. A Francisco: treinta años con propuesta de conmutación por catorce años. A Ángel: ocho años con propuesta de conmutación por cuatro años. A Eugenio le imponen una condena de treinta años con una propuesta de conmutación por doce años y un día. A Manuel: doce años y un día con propuesta de conmutación por tres años. Al otro Manuel, doce años y un día con propuesta de conmutación por seis años y un día. La sentencia de Valeriano fue suspendida.

Así las cosas, hacia el mes de febrero de 1942 se dispone el traslado de Eugenio al campo de concentración de Talavera de la Reina, en Toledo.

El 20 de febrero sale para su destino acompañado de la documentación reglamentaria. Se unen a las hojas de salida, su ficha personal, los "certificados de despiojamiento y revacunación", y una nota al margen que deja constancia de que se encuentra "útil para desarrollar trabajos corporales". Esto es particularmente importante, porque Eugenio es sumado al trabajo obligatorio de esclavo del régimen totalitario para hacer el Canal Bajo del Alberche, una importante infraestructura de riego para una amplia zona[36].

Como una cruel paradoja de esos tiempos tan desalmados, para Eugenio el hecho de haber sido elegido y de estar apto para trabajar en régimen de esclavitud constituyó una válvula de escape. Salir de una cárcel totalmente masificada, con la posibilidad latente de contagiarse de alguna enfermedad de las que pululaban en esos establecimientos, a estar al aire libre y recibir una mejor alimentación, aunque no tanto mejor, era un paso a por lo menos tener una vida algo más digna. Esa era la única posibilidad que existía entonces para evitar aquel sistema carcelario perverso.

Su condición de esclavo del régimen estaba dada no solo por el magro salario que recibía: dos pesetas, de las cuales le descontaban una y media para la alimentación, sino por las largas jornadas sin posibilidades de descanso que debía cumplir bajo la atenta mirada de sus carceleros.

El trabajo era muy duro, completamente artesanal, a puro lomo, y muchos de los compañeros de Eugenio no pudieron soportar las condiciones del trabajo. Para el régimen el trabajo forzado, la mano de obra barata fue adquiriendo cada vez más importancia y ello se reflejó en los miles de milicianos republicanos que fueron usados en las diversas tareas de reconstrucción que se llevaron adelante.

Eugenio sabía conducir y la tarea que se le encomendó fue manejar los pesados camiones que llevaban el material y distribuían la comida entre los presos-esclavos. Dentro de todas las tareas que debían realizar los presos, conducir era de las más livia-

---

36 | "El 28 de mayo de 1937 Francisco Franco establece el decreto 281, que consta de ocho artículos que aparecerán en el Boletín Oficial del Estado el 1° de junio. En el artículo 1, se concede «el derecho de trabajo a los prisioneros de guerra y presos por delitos no comunes», de acuerdo a una serie de consideraciones tales como buen comportamiento y eficacia profesional. En cuanto a la remuneración que recibían los presos que se desempeñaban como peones en este régimen, el artículo 3 del decreto establece que «cobrarán en concepto de jornales, mientras trabajen como peones, la cantidad de dos pesetas al día, de las que se reservará una peseta con cincuenta céntimos para manutención del interesado, entregándosele los cincuenta céntimos restantes al terminar la semana».
El texto completo de este decreto puede leerse en el libro A vida o muerte: Persecución a los republicanos españoles (Fondo de Cultura Económica de España, 2018), trabajo coordinado por Gutmaro Gómez Bravo y Aurelio Martín Nájera",

nas, aunque por esa misma razón debía estar horas y horas detrás del volante de los pesados camiones Hispano Suiza.

Cada vez que se subía al camión que ya tenía destinado, Eugenio no dejaba de recordar aquel episodio, cuando, junto con su hermano Sol y otros compañeros milicianos con quienes andaban a campo traviesa, ya en la desbandada ante el avance de las tropas sublevadas, asaltaron un camión de carga que llevaba en su interior varias hormas de queso que fueron la única comida que tuvieron para sobrevivir en aquellos días tan aciagos en los que la derrota de la República les estrujaba el corazón.

José Pérez Conde, profesor de Geografía e Historia en el colegio Cervantes de Talavera de la Reina, contóexplicaba con detalle como se organizó el trabajo para la construcción del Canal Bajo del Alberche:

Los campamentos eran pequeños mundos en miniatura casi autosuficientes, el trabajo estaba organizado en brigadas cada una con su cometido. Todos los servicios del campamento eran desarrollados por los propios presos, además de las brigadas encargadas de la extracción de tierras (del vaciado del canal y de los cerros próximos a la presa para el dique), estaban las brigadas de encofradores (encargados de ir encofrando los tramos del canal según eran excavados), hormigonadores (trabajando con máquinas hormigoneras manuales, vestían de hormigón el canal o la presa), albañiles (realizando sifones, muros, puentes, etc.), carpinteros (preparando las maderas de los encofrados y demás construcciones de madera), herreros (reparaban vagonetas, preparaban los hierros de las obras, reparaban herramientas), fontaneros (manteniendo duchas y letrinas), electricistas (instalaciones eléctricas), arrieros (se ocupaban de las caballerías que tiraban de las vagonetas), herradores (se ocupaban del herrado de estas caballerías), además de capataces (controlaban el rendimiento de las brigadas en sus cometidos y se ocupaban de pasar lista cada cierto tiempo para evitar las fugas), conductores (encargados de la conducción los camiones, el rancho, etc.), mecánicos (reparaban camiones y vehículos de los campos en general —casi todos de gasógeno—), oficinistas (se ocupaban de todos los trámites burocráticos del campo)[37].

Lo positivo para Eugenio y para miles de sus compañeros fue que de esa manera se redimía parte del tiempo de condena y se mantenía realizando alguna actividad. Para alguno de sus compañeros también significaba la posibilidad de escapar de sus captores e intentar huir, o bien al extranjero, o bien incorporarse a la guerrilla organizada para enfrentar la dictadura. Eugenio no lo intentó y más bien procuró hacer buena letra para salir pronto de aquel infierno.

Además de este tipo de trabajos, algunos presos desempeñaban labores especiales que requerían mayor cualificación, como los topógrafos, ingenieros, médicos, enfermeros y cocineros. Todo el personal, salvo los militares que los custodiaban, eran prisioneros redimiendo condena.

Cumplida su tarea en el Canal Bajo del Alberche, Eugenio fue llevado a las colonias de Montijo, en Extremadura, otro de los escenarios donde se obligó a los republicanos a construir canales y presas, en este caso en el Guadiana. Aunque también hubo campos en las cuencas del Tajo, Guadalquivir y Jarama. Allí fue hacinado junto a miles de personas bajo las órdenes de la dictadura militar.

Los testimonios directos recogidos por las investigaciones historiográficas, hablan de cientos de personas que malvivían amontonadas en barracones. A las duras condiciones de las instalaciones y a la falta de higiene en general hay que sumar los problemas de suministro de alimentos derivados de las estrategias corruptas de los dirigentes de este tipo de centros, de manera que los reclusos terminaban recibiendo una alimentación muy deficitaria en cuanto a cantidad y calidad. Esta situación conllevó la proliferación de enfermedades relacionadas con el aparato digestivo[38].

---

37 | *La construcción de la presa y el Canal Bajo del Alberche 1939-1950: La utilización de los prisioneros republicanos como mano de obra forzada en su construcción.* José Pérez Conde (profesor de Geografía e Historia en el colegio Cervantes de Talavera de la Reina).

38 | ‹https://www.eldiario.es/extremadura/sociedad/extremadura-republicanos-construyeron-canal-montijo_1_3629851.html›.

Si bien la construcción de decenas de canales de regadío se inició a lo largo de la Segunda República Española, en 1935, la Guerra de España paralizó las obras que fueron retomadas ya durante el régimen franquista, en 1940, y se extendieron a lo largo de una década. Miles de presos republicanos trabajaron en ellas.

"A lo largo de diez años trabajaron varios batallones de mil personas y debieron sobrevivir con comida paupérrima, alojamientos penosos, en el que pasaban mucho frío y humedad, mientras que en verano sufrían muchísimo calor. Se les maltrataba y todo para redimir las condenas que recibían, que en algunos casos llegaban incluso a la cadena perpetua"[39]. El 14 de octubre de 1950 se inauguró la obra, Canal Bajo del Alberche; miles de personas se hicieron presentes para participar del acto, acarreadas por el régimen que quería demostrar que tenía respaldo social. El acto fue un intento de dar legitimidad a lo ilegítimo. Allí se mezclaron los franquistas, los que creían en el dictador y los que aparentaban serlo como forma de sobrevivir.

Pero todos sabían que aquella obra había sido hecha con el concurso de la mano de obra esclava de los republicanos vencidos, de eso no hubo ni una mención, obviamente. Ese día fue descubierta una placa de bronce:

---

39 | Pérez Conde, José. La construcción de la presa y el Canal Bajo del Alberche 1939-1950: La utilización de los prisioneros republicanos como mano de obra forzada en su construcción. ‹http://e-spacio.uned.es/fez/eserv/bibliuned:ETFSerieV-2013-25-7140/Documento.pdf›.

Canal Bajo del Alberche[40].

40 | ‹https://www.fomento.es/LIBROS_ESCANEADOS_WEB/A-299-7_1950_Canal_
Bajo_Alberche.pdf›.

13
Batallón de soldados penados

Cuando visité a Eugenio y Licha, estuve una semana con una agenda familiar y social bastante apretada, yendo para arriba y para abajo, caminando por La Coruña o recorriendo los alrededores de la ciudad en una camioneta Volkswagen Paratí, visitando amigos, algunos familiares: "Mira, este es Ladra". "Este también". ¿En serio? ¿Tantos Ladra? ¿Y son familiares? "Pues no sé, pero hubo muchos bandidos", y Eugenio me guiñaba un ojo.
—Vamos a por esas tapas. ¿Qué quieres, vino fresco o del tiempo?
—Oye, tío, ¿y cómo fue lo de la guerra? ¿Cómo pasaste? —le preguntaba.
—Ah, sí... después, después —decía él, y cambiaba de conversación.

Nunca, salvo alguna vez, como en el caso del cura o algo referido a las discusiones en la cárcel o cuando aceleró la Paratí para salir rápidamente del Ferrol —"acá nació elhijodelamalaleche"—, e íbamos de camino a Viveiro por la AP-9, Eugenio me habló de la guerra. Poco, muy poco. Después, silencio.

Nunca me contó que integró el Batallón Disciplinario de Soldados Trabajadores (BDSTP) N° 94, reemplazo de 1939. Su paso por ese batallón está guardado en el archivo general militar de Guadalajara en dos expedientes: 4614 y 76798.

Cuando leo y estudio los expedientes de arriba a abajo y trato de descifrar lo que está escrito a mano, con pluma, me pregunto ¿por qué nunca habló de ello? Ni siquiera a su familia más cercana. A lo sumo decía que había estado trabajando como chofer, pero de su paso por el ejército, como asimilado al cargo de soldado para trabajar obligado, nada.

Habrá sido por el miedo de hablar, de no querer recordar el hambre, el frío, los piojos, la tos, los vómitos, o quizás fue una forma de decir: pasé raya y ya está... No lo sé. Cuando estuve con Claudín y Cayuca en la casa de la infancia de los Ladra Pérez, allí en Toñanes, Claudín me dijo que cuando Eugenio pasaba con la carga, manejando aquellos camionazos, hacía una parada para saludarlos y al sentarse a la mesa siempre decía: "No pasarán, ¡che!" —"Como si fuera un valenciano", me aclaraba Claudín—.

Cuando Eugenio fue integrado al BDSTP, se le hizo un expediente, una ficha donde dice que obtuvo "empleo de soldado" y que entró a servir en el ejército nacional el 27 de setiembre de 1943, y que en octubre lo incorporaron al Batallón N° 94 de San Lúcar de Barrameda.

Los bdstp, creados en el año 1941, fueron otra de las formas de represión que aplicó el franquismo tras el final de la guerra. De hecho, los Batallones Disciplinarios de Soldados Trabajadores Penados fueron campos de concentración, aunque no los llamaran así, yestaban compuestos por combatientes del ejército republicano procedentes de los verdaderos campos de concentración, como en el caso de Eugenio, que llegó procedente del campo del Corbán. Estos batallones también estaban integrados por prisioneros o por aquellos que habían sido juzgados por un Tribunal Militar y que, al salir en libertad condicional o provisional, eran integrados a estas unidades. Esta situación se extendió hasta el año 1948.

Eugenio, como quedó dicho, fue penado con doce años y un día de cárcel por auxilio a la rebelión. En verdad esos doce años los camuflaban haciendo trabajar a los rojos para ver si era posible que se redimieran ante dios, la patria y la falange. Alguien ha dicho que eran "doce años de cárcel, camuflada de mili".

Y eran soldados sin serlo, sin cumplir con ninguno de los rituales castrenses, ni jura a la bandera, ni uniforme, ni insignia, apenas fueron víctimas de una de las tantas modalidades que adoptó la represión franquista. Les daban un traje a rayas y un gorro para que no quedaran dudas de cuál era su condición. El resto de la ropa corría por cuenta de cada penado.

Cada integrante del BDSTP pasaba por el escrutinio de las Juntas Calificadoras Locales. Los informes trataban sobre la conducta político social que había tenido cada soldado antes del Alzamiento Nacional. En el caso de Eugenio, encontré un informe fechado el 4 de noviembre de 1943 en Comillas, elevado a la jefatura del Batallón de Soldados Penados N° 94 por el comandante de la guardia civil del puesto de Comillas, que se llamaba Eduardo y cuyo apellido no he podido descifrar. En dicho informe, el tal Eduardo confirmaba al jefe del Batallón los datos que poseía de Eugenio:

> Tengo el honor de informar a V.S. que dicho individuo con anterioridad al 18 de julio de 1936 era de significación izquierdista y gran propagandista de las referidas ideas, habiendo observado mala conducta político-social. Durante la dominación roja en la provincia perteneció como afiliado a la FAI, interviniendo en la destrucción y desmantelamiento de la Iglesia del referido pueblo, se alistó voluntario en un Batallón de la FAI marchando al frente rojo en donde se desconoce su conducta y actuación; se le conceptúa de completamente desafecto a la nueva España y de elemento peligroso para el desenvolvimiento de la misma.

Para Eugenio, la guerra supuso un largo viaje. Inicialmente, estuvo destinado en Cabezón de la Sal, en Cantabria, y luego en Nava, Asturias, hasta que, luego de la derrota de los republicanos, como miles de soldados y milicianos, huyó y llegó hasta su pueblo, donde finalmente fue detenido y enviado al campo de concentración de Corbán. La siguiente parada fue a la cárcel de La Tabacalera y de ahí lo remitieron al campo de concentración Talavera de la Reina, en la provincia de Toledo, para más tarde, ya como bdtsp, seguir su periplo en Cádiz: Sanlúcar de Barrameda, Rota y Algeciras, y, por último, en Lora del Río, Sevilla, donde fue dejado en libertad condicional.

En el transcurso de ese viaje, entre pueblo y pueblo, le otorgaron licencia —un eufemismo, claro, porque seguía siendo un preso penado con libertad condicional— y pudo ver a la familia en contadas ocasiones. Visitó a su hermana Mercedes, que estaba afincada en Viveiro, ya casada y con una hija —María Mercedes Goas Ladra, nacida en julio de 1942—, y la acompañó durante una parte del embarazo de su segundo sobrino, José Antonio, Toñín.

Fue en una de esas salidas transitorias que supo del asesinato, ejecutado en el paredón, de su hermano Antonio. Finalmente, Eugenio fue liberado el 31 de agosto de 1945. Obtuvo el "beneficio del permiso ilimitado" y emprendió nuevamente la marcha para su residencia en Toñanes, y luego de un tiempo, cuando le concedieron el permiso correspondiente, se fue a Galicia para instalarse en La Coruña, donde vivió con su amada Licha hasta su muerte.

14
Proceso, tuberculosis y fuga

El 5 de mayo de 1942, un juez militar, el teniente de artillería Pedro Pablo Montero Molinero, firmó y dio a conocer la sentencia sobre José Ladra Pérez. La sentencia fue redactada por el secretario del juzgado, el sargento Pascual Lázaro Sainz, y en ella se afirmaba que "ha quedado acreditado lo actuado y la peligrosidad del encartado al aparecer acusado de la muerte del sacerdote Félix Legido y otros asesinatos". Félix Legido, de 51 años, fue párroco de Cóbreces, se dice que fue detenido por milicianos junto a otros el 20 de setiembre de 1936 y que desapareció[41]. Y quien aparece como autor del asesinato para la justicia franquista fue José Ladra Pérez. O sea, desaparecieron los veintitrés muertos, el joven de Comillas de antes y quedó solo el cura, que ahora ya no es de Peñarrubia, sino de Cóbreces.

El proceso continuó su curso y otro juez militar, Agustín Carretero Sánchez, manifiesta que tiene como hechos probados que José Ladra era un miembro destacado de la fai, participando de las Juventudes Libertarias de Cabezón de la Sal y habiendo ejercido el cargo de policía en compañía del conocido asesino 'El Rojo de la Mata', y si bien luego matiza estas afirmaciones y dice que no se pudo probar su intervención directa en hechos criminales, agrega que igualmente de ello se jactaba. Tomando en cuenta esos aspectos es que Carretero pide una condena de treinta años como autor del delito consumado de auxilio a la rebelión.

La información fue analizada por un Consejo de Guerra con fecha primero de marzo de 1943. Ese día, los procesados —

---

41 | Según la investigación realizada por Jesús Gutiérrez Flores para su libro *Guerra Civil en Cantabria y pueblos de Castilla*, Félix Legido Herrero, natural de Tordehumos, un pequeño municipio de Valladolid, fue asesinado en Liendo, Cantabria, el 4 de octubre de 1936.

Santiago Borbolla Fernández, miliciano de la cuarta columna de las milicias de Santander; José Ladra Pérez, miliciano del batallón 106; sus compañeros Víctor Llorente, Julián Mata Alonso y Agapito Inciarte Fernández y Manuel Azpiazu Quintanilla, secretario de la Federación Montañesa de casas campesinas y trabajadores de la tierra— fueron condenados a treinta años de prisión, salvo Llorente sobre quien recayó una pena de doce años y un día, y Azpiazu, a veinte años. Las penas, escribió el juez militar, fueron impuestas por hechos cometidos durante el dominio rojo.

El expediente fue enviado a La Tabacalera y el 12 de setiembre de 1943 se dio a conocer la sentencia definitiva, que decía textualmente: "Ha sido condenado este penado [José Ladra Pérez] a la pena de veinte años de reclusión que quedará extinguida el 21 de octubre de 1957".

La vida en La Tabacalera comenzó a hacer mella en la salud de Sol Ladra. Todo era horrible. La comida: un chusco de pan negro con un poco de arroz y huesos de cerdo pelados como si fuera para los perros, eso un día y otro día y otro día y así todos los días y todas las noches, y se suma la humedad y el frío y el hacinamiento y la tos y el dolor en los pulmones y escupe sangre y pide que lo vea un médico y al final es trasladado a la casa de salud Valdecilla, al Pabellón 15, el de los tuberculosos, pero los médicos no consideraron que su caso fuera de gravedad: "Comunico a V. que no precisando asistencia quirúrgica que justifique la hospitalización del enfermo detenido José Ladra Pérez en esta casa de Salud, en el día de hoy se reintegra al lugar de procedencia. Agradezco a V. me notifique acuse de recibo. Dios guarde a V. muchos años", dice la nota firmada por el director de la Casa de Salud Valdecilla fechada el 16 de marzo de 1943. Al final, Sol era apenas uno más entre los miles que iban a Valdecilla. Tres días estuvo en la casa de salud antes de ser devuelto al pabellón de la cárcel.

"En Tabacalera se hicieron sentir mucho más los efectos del hambre y la desnutrición. Cientos de personas murieron por avitaminosis, paludismo, tifus..."[42]. La muerte de Gregorio

---

42 | Enrique Menéndez Criado. Guerra Civil en Cantabria: la represión republicana y franquista, 1936-1948.

Orozco, un toñanense que estaba allí preso, afectó la moral de Sol. Gregorio estaba condenado a treinta años por el solo hecho de haber sido el presidente del psoe de Cabezón de la Sal. Gregorio era mayor que Sol, tenía 58 años cuando murió en La Tabacalera. El último día de marzo de 1943, Sol fue dejado en libertad vigilada, supongo que creían que ya se moría. Igualmente, todas las semanas se debía presentar en el puesto de la Guardia Civil para dar cuenta de que estaba cumpliendo la pena. Había estado en prisión cinco años, cuatro meses y trece días. Y cuando se presentaba ante la Guardia Civil, lo maltrataban. Y la enfermedad avanzaba como un hierro caliente que se introduce en el pecho cada día un poco más, y la tos siguió, se estremecía tosiendo y los esputos eran una flema de color rosado, a veces rojo sangre y otras veces amarronados por la sangre vieja, gruesos como el dedo gordo, con un olor muy desagradable, pero la respuesta de los médicos era invariable: "No hay lugar, usted todavía está bien, todavía aguanta".

La muerte de Pepín, un amigo cercano, también atravesado por la tuberculosis, lo devastó. Pepín tenía 32 años, estaba en plena juventud. Igual que Sol, estaba con libertad vigilada y, aunque enfermo, los familiares creían que ya estaba fuera de peligro. Pepín había dejado de toser, el cuerpo parecía recuperarse, ya no se cansaba como antes, no había fiebre, ni sudaba en las noches, pero esa enfermedad es traidora, la bacteria estaba escondida, y cuando la familia bajó la guardia, el mal le asestó a Pepín una estocada mortal. Su madre y su hermana vieron cómo se fue, despacio. Para los tuberculosos cada día es una tortura, es como ir descendiendo en un tobogán interminable. Pepín murió con los ojos abiertos, exhausto, ya rendido.

La tragedia de Pepín impulsó a Sol a reclamar una acción más decidida a los médicos: "¡Oiga, doctor! No me deje, no puedo respirar, me muero y no quiero morir". Y en medio de la visita al médico, Sol se mete los dedos en la garganta, más adentro todavía, los cinco dedos de la mano derecha y la mano entera y vienen las arcadas, la baba, la saliva y escupe y ahí va la sangre, coágulos en medio del silbido por la falta de aire y una rogatoria para que lo operen, para alejarse de la muerte que veía a diario. Y ese reclamo desesperado y esas ganas de vivir lograron torcer lo que parecía ineluctable.

Por fin, el médico ordenó que se le realizara una broncoscopia, examen novedoso para la época. Se la practicó el doctor Gonzalo Montes Velarde, especialista en aparato respiratorio e integrante del Patronato Nacional Antituberculoso que conoció la técnica en Francia y la practicaba en el Hospital de Valdecilla y en el sanatorio antituberculoso de El Escorial. Y así, en julio de 1944, dieciséis meses después de diario sufrimiento, de saberse al borde de la muerte cada día y cada noche, de fiebre en fiebre, después de haberse convertido en un esqueleto forrado en piel tan blanca como un papel, Sol fue ingresado en la Casa de Salud de Valdecilla por cuenta del Patronato Nacional Antituberculoso, con el informe favorable del doctor Montes Velarde.

Para ese momento, la tuberculosis que padecía Sol ya estaba en su máxima expresión. La gravedad de la tuberculosis se mide por la cantidad de gérmenes presentes en cada muestra de las secreciones, en un rango de una a tres cruces. A mayor cantidad de gérmenes, más cruces. Sol ya tenía tres, estaba en el tope, su vida corría peligro y decidieron operarlo.

Cuando pedí información al hospital, recibí una escueta respuesta, amable pero que revela que el pasado sigue siendo una losa difícil de arrancar: "Hemos hablado con documentación clínica y distintos departamentos del hospital y no consta ningún archivo de aquella época".

En una conversación posterior se me indicó que podía obtener algún tipo de dato si acudía a los Anales de la Casa de Salud Valdecilla. Para ello se me facilitó un link, dado que esos libros están totalmente digitalizados.

De acuerdo con esos anales, lo más probable es que Sol haya sido intervenido por un equipo liderado por el doctor Diego García Alonso, el jefe del servicio de aparato respiratorio en aquel momento. Entonces, es a García Alonso y Montes Velarde a quienes, en parte, Sol les debe la vida y toda su descendencia: mi hermana Laura y sus hijos, Ruben y Emmanuel, mi hija Eugenia y yo mismo, al fin.

La operación fue salvaje, una operación de tiempos de guerra, lo único que podían hacer para salvarle la vida. La tuberculosis, conocida también como "la peste blanca", era en aquel tiempo una enfermedad endémica. El uso de la estreptomicina, un antibiótico descubierto en 1943 en los Estados Unidos que sería el primer tratamiento efectivo de curación, no se había desarrollado en la España franquista. Recién en el año 1946 se empezó a comercializar, y la salud pública española debió esperar otros diez años para tener acceso al medicamento. Mientras tanto, sólo se podía adquirir de contrabando en Francia y únicamente podían obtenerlo familias capaces de pagar un precio estratosférico.

La operación que le realizaron a Sol se llama toracoplastia. En síntesis, le extirparon el pulmón izquierdo, lo que se denomina resección pulmonar, junto con una extensa resección de diez costillas. La operación se llevó a cabo en dos etapas. Primero estuvo internado entre el 7 de julio y el 13 de diciembre de 1944. Para cuando salió ya se le había hecho duro estar en cama, en el cuerpo se notaban las llagas, las escaras por el roce con unas sábanas ásperas, que casi nunca cambiaban. Y lo peor era que la cabeza daba vueltas, que brotaban recuerdos, pensamientos, y no se podía hacer nada, obligado a la inmovilidad.

Volvió a ingresar a la casa de salud para ser operado nuevamente el 6 de noviembre de 1945 y recibió el alta hospitalaria casi siete meses después, el 27 de mayo de 1946. Durante todo el tiempo que estuvo internado estaba en calidad de enfermo detenido, —"prisión atenuada", le decían—, y obtuvo la libertad provisional finalmente en julio de ese año, cuando pudo regresar a la casa de Toñanes, donde estaba ya su hermano Eugenio. gozando de los beneficios del Permiso ilimitado que le habían concedido por haber trabajado en la obra pública como integrante de un Batallón de Soldados Penados.

La recuperación es lenta, el aire de la montaña ayuda a lavar el pulmón sano, el que iba a tener que resistir hasta la muerte, junto con las catorce costillas que le quedaron. Debía guardar un estricto reposo y requería de una buena alimentación. Sin embargo, esta última condición no estaba dada debido a las carencias de la posguerra.

El bacilo de Koch

Durante gran parte de mi vida escuché hablar de la tuberculosis como algo familiar. Era la enfermedad que había tenido mi padre, la que le había causado aquella gran cicatriz que cruzaba su pecho y su espalda. Nunca me había puesto a buscar imágenes para ver cómo es un bacilo de Koch observado en el microscopio: tiene forma de bastoncitos. Vi una, vi decenas de fotos y me imaginé miles, millones de esos tubitos como si fueran orugas, bulldozers traccionando en el cuerpo de mi padre, moviendo órganos, llevando la carne, la sangre de un lado para el otro, moviendo cuchillas que se hincan en los pulmones y los agujerean, arrancando los pedazos que luego son parte de los esputos que va largando todos los días, cada vez más oscuros, más contaminados. Así estuvo nueve años con el bacilo de Koch dentro, avanzando, destruyendo lo que iba encontrando.

Me he preguntado también si sufrió del síndrome del órgano fantasma, a pesar de que la amputación no fue un brazo o una pierna. Si la falta del pulmón y las diez costillas generó la sensación de no haberlos perdido, si de alguna manera mantuvo la percepción de que seguían en su sitio. Si cuando respiraba pensaba que ahí había un pulmón y el costillar completo. Si cuando se miraba en el espejo y veía que estaba completo, que ahí estaba la boca y ahí las orejas y ahí las manos y ahí los pies, tenía la sensación de que también estaban los dos pulmones y las veinticuatro costillas.

Transcurridos los tres años de Guerra, la inmensa mayoría de los españoles se encontraba en un estado de penuria material que hacía difícil la mera supervivencia. Las secuelas de la guerra y la falta de abastecimiento de alimentos provocaron que se extendiera la hambruna en la sociedad española, incluso en el campo, porque el nivel productivo de la agricultura tardó mucho tiempo en alcanzar los niveles de preguerra. El gobierno franquista no podía atender las necesidades de la población. Se repartían alimentos de primera necesidad a través de las cartillas de racionamiento, pero todo era muy escaso y regulado, por lo que floreció el mercado negro —conocido como estraperlo—, con precios inalcanzables para las clases populares.

Hay un documento del ayuntamiento de Alfoz de Lloredo, emitido por Daniel Gómez Pérez, oficial encargado de la oficina de la delegación local de abastecimiento y transportes, donde se certifica que José Ladra Pérez no se encontraba en las listas de abastecimiento de ese municipio por ninguno de los conceptos, ya que cuando fueron confeccionadas él aún estaba recluido. Por esta razón no obtuvo ningún tipo de apoyo, a pesar de estar atravesando la recuperación tras la primera de las cirugías.

Una vez superado el shock operatorio y a pesar de la lentitud de la recuperación, la ansiedad que lo ganaba día tras día hizo germinar una idea que tenía desde hacía un tiempo: fugarse para dejar de tener que ir a dar cuenta de sus pasos. Ya no quería más maltrato cada vez que iba a ver, obligado por la libertad condicional, a la Guardia Civil. Y la idea de regresar a Montevideo, el lugar donde había nacido y en el que había vivido apenas diez meses, crecía en su interior y algo de eso comentó con su amigo Florencio Pérez, pero lo hizo sin dar mucha precisión y solo a modo de aspiración. Fue un tanteo, apenas. Estaba enojado con España y hablaba de Uruguay como su patria, una patria de la que no tenía recuerdo alguno, ni paisaje ni olor, aunque también decía que patria es el lugar donde podía desarrollarse, donde comer, donde vivir con libertad, y claramente España en ese momento no lo era.

El plan era cruzar a Francia, primero, a Burdeos donde tenía amigos y había un consulado uruguayo, luego, llegar a Marsella para, desde aquel puerto, donde también había un consulado uruguayo, zarpar rumbo a Montevideo.

En julio de 2022 cuando estuve en Toñanes, conocí a Pepín, casualmente llamado igual que el amigo de Sol que había muerto de tuberculosis. Este Pepín tenía 88 años y era en ese momento el hombre más anciano del pueblo, la memoria viva a pesar de su fragilidad por el paso de los años. Pepín me contó que recuerda cuando 'Joselito' —José Sol Ladra— vino a despedirse de su padre "cuando marchó para Argentina" —aunque en verdad el destino final no era ese—. "Amigos de tu padre no queda nadie, se deben haber muerto todos: José María, Paco, Finin...", dice Pepín entrecerrando los ojos mientras aprieta un bastón que usa para caminar con alguna dificultad.

La llegada de Sol a Francia no fue fácil. Estaba muy débil por las operaciones. Por una carta fechada el 20 de octubre de 1949 desde Burdeos y enviada a su hermana Mercedes —quien a esa altura estaba viviendo en Cillero—, sabemos que la travesía hasta Francia fue complicada y peligrosa, y que para ello tuvo el apoyo de guías guerilleros, hombres y mujeres que resistían todavía en el monte a la dictadura de Franco.

"Harto trabajo y sacrificios me costó [llegar a Francia]", dice en la misiva donde también cuenta que fracasó en el primer intento "con una considerable pérdida. He tenido que gastar bastante dinero, pérdida de ropa y pasé muchas vicisitudes, pero al final llegué, aunque agotado, y esto que parecía fácil es sumamente difícil y peligroso. La prueba es que un amigo mío cayó por un balazo desangrándose y pereciendo ahogado en el pasaje por el [río] Bidasoa y así otros más, como también han caído guías". La muerte de su amigo lo impresionó sobremanera. La bala que segó su vida bien pudo haber estado destinada a él; fueron unos centímetros de diferencia. Es el azar o algo más, depende de las creencias. ¿Qué hubiera pasado si no se hubiera adelantado unos metros? ¿Esas balas lo podían haber herido o matado? Su cuerpo hubiera caído en el lecho del río, primero flotaría mansamente mientras se desangra y se empieza a hinchar, toma color de muerte y después las alimañas comenzarían a comerse la carne que se pudre, que hiede. La muerte siempre es trágica, siempre conmueve, es difícil acostumbrarse a pesar de vivir con muertos todos los días, muertos cercanos y otros desconocidos. La muerte te lleva atrás, al pasado, a otra vida, pero lo real, lo que estaba ocurriendo en aquel momento, fue tremendo, impactante y tuvo que tocarse, palparse para confirmar que estaba vivo y gritó y gritó para saber que no estaba soñando.

En otra carta dirigida a Mercedes, fechada ya en Montevideo, el 14 de diciembre de 1953, cuenta algo más de lo que pasó para llegar a Francia. Allí "pasé dos de los tres meses que estuve muy mal por el clima tan húmedo y por lo que me mojé con el agua siempre por las rodillas y algunas veces hasta cerca del cuello para poder pasar durante el trayecto por el río; fueron como 500 metros y aquello fue muy trágico".

Por el paso de Bidasoa cruzaron miles de refugiados republicanos, como Sol, con una modesta maleta a cuesta, que era lo máximo que los aduaneros franceses dejaban pasar por la frontera. "Allez! Allez! Allez!", apuraban los franceses y los arriaban como si fueran ganado. "La maleta no me la han entregado; se quedaron con toda la ropa, la persona que estaba encargada de mandármela. Me robaron todo, no tengo más ropa que la puesta, un par de zapatos viejos, ajados, rotos de solo mirarlos, un traje azul y una buena gabardina que yo compré para venirme y otra muda y la cartera con las cosas del aseo y la documentación", escribió en otra carta fechada el 10 de noviembre en Burdeos.

En Francia había más de medio millón de españoles exiliados tras el triunfo del franquismo. Hombres, mujeres y niños formaban enormes caravanas que intentaban por todos los medios disponibles —la mayoría a pie— llegar hasta la frontera francesa afrontando las difíciles condiciones climáticas del invierno y los continuos ataques aéreos de los aviones alemanes y fascistas italianos, que bombardeaban y ametrallaban indiscriminadamente.

Una vez en Francia, los exiliados fueron hacinados en centros de acogida —en verdad eran miserables campos de concentración que no hicieron sino profundizar en muchos casos el estado en que habían llegado, mal comidos, enfermos muchos de ellos—. Tras el estallido de la Segunda Guerra Mundial, unos treinta mil españoles fueron enviados a campos de trabajo, pero lo peor llegaría con la ocupación alemana y el traslado a campos de exterminio como Mauthausen, donde murieron cinco mil españoles.

Cuando Sol ingresó a Francia, en 1949, allí estaba promediando el gobierno de la Cuarta República que debió hacer frente a la herencia de la derrota militar, la ocupación nazi, una grave crisis social y el inicio de la Guerra Fría. Durante el tiempo que estuvo allí no lo pasó bien desde el punto de vista de la salud, pero también por la xenofobia que se expresaba con alguien que no era un francohablante. De todos modos, su norte seguía estando claro: llegar a Uruguay.

En Burdeos, donde se concentró un gran número de militantes anarquistas, fue recibido y ayudado por un vecino de Novales, uno de los pueblos de Alfoz de Lloredo. "Estoy en casa de Marcial, el hijo de Manolo, el de Novales. Se ha portado muy bien conmigo, es un gran compañero, me ha facilitado dinero y me da de comer. No tengo un céntimo, pero Marcial me ayuda. Necesito con gran urgencia dinero para las necesidades más perentorias, 2.000 pesetas", escribió en una carta a Mercedes, su hermana. "Yo embarco el 30 en Marsella y tengo que estar allí unos días antes y ahí embarcaré para mi país". A pesar de lo trágica y difícil que fue la travesía y el cruce, Sol ya se mostraba muy animado por la certeza de que pronto iba a salir hacia Uruguay. "Toda la documentación tengo ya lista, más rápido ni hablar. Además que voy recomendado para un hermano del cónsul que tiene una casa de joyería en Montevideo para que entre a trabajar de viajante para él".

En una carta anterior contó que cuando estuvo en el consulado uruguayo lo atendieron muy bien, y enumeró los trámites burocráticos que debió realizar para, como escribió, "poder marchar repatriado a mi Patria".

En aquel momento, en el consulado uruguayo en Burdeos revistaban tres diplomáticos: Carlos Calamet, el cónsul general; Eduardo Scotti Martínez Navia, el vicecónsul, y Serafín Rivas, el adscripto.

Entre los trámites Sol que debió realizar en Francia, uno le exigía viajar a París, a la sede de la Organización Internacional para los Refugiados (oir), una agencia de las Naciones Unidas creada para encargarse de la gran cantidad de refugiados surgida tras la Segunda Guerra Mundial. El pasaje le costaba cuatro mil francos ida y vuelta y le decía a su hermana que no tenía nada de dinero y eso le hacía falta como el comer, por lo que le pedía una ayuda para el viaje y algo de sustento. "Nos prometieron ayuda, pero la organización no tiene fondos".

La noticia de su viaje a Francia, si bien no tomó de sorpresa a su amigo más cercano, Florencio Pérez Brotos, sí generó cierta sorpresa. Ello quedó claramente explicitado en una carta fechada en Santander el 24 de noviembre de 1949. Allí Florencio expresa su "alegría al saber la nueva de tu estancia en esa [se refiere a Burdeos]; precisamente hace días que veníamos, Fernando y yo, comentando que no se te veía por ningún sitio. Comprendemos perfectamente tu estado de ánimo, por haber traspuesto el punto más difícil en cuanto a la realización de tus ilusiones se refiere. Tenemos una gran confianza, y hacemos votos porque así sea, en que se cumplan felizmente todos tus proyectos. Te envidiamos. Cumpliendo tus deseos, puse en conocimiento de casi todos tus amigos tu situación actual, y todos, como es natural, quedaron altamente sorprendidos y contentos".

El viaje de regreso a su país de nacimiento, Uruguay, fue desde Marsella. Allí, en el consulado uruguayo presentó todos los papeles para viajar en regla; en su caso se le había otorgado un pasaporte uruguayo y pudo ser repatriado. Recuerdo haber visto ese documento, era de tapas marrones, tenía la foto de mi padre de frente y perfil y aquel sello que no me decía nada, pero que cobró otra dimensión cuando supe lo que quería decir: era un sello en tinta negra que decía indigente, así escrito todo en mayúscula, como para que no quedaran dudas.

Cuando al fin en Marsella se subió al barco, Sol respiró hondo, aliviado, porque sabía que había empezado el último tramo de su regreso a Uruguay. Desde esa ciudad francesa viajó en tercera clase en el paquebote francés Florida, un barco propiedad de la Société Générale des Transports à Vapeur de Marsella que había entrado en servicio en 1926 destinado a la línea sudamericana: Marsella-Buenos Aires. Tras una serie de vicisitudes que incluyó un hundimiento por un ataque de la aviación alemana durante la Segunda Guerra Mundial, fue reflotado y en 1948 reanudó el servicio a Sudamérica. El servicio del buque en el que regresó Sol partió de Génova el 29 de diciembre de 1949 y el destino final fue Montevideo, a donde llegó con 28 pasajeros, sumando las tres clases, él fue el número 26, con la conducción del experimentado capitán Ferdinand Sagols. Sol nunca regresó a España. Fue su segundo viaje en barco a través del océano y el último de su vida.

Llegó a Montevideo en el verano de 1950, lo hizo en las mismas condiciones en que lo habían hecho antes sus padres, sin un duro en el bolsillo. Sus posesiones, además de una muda de ropa y una gabardina, eran un tratado de medicina naturista, un manual de esperanto y un libro del periodista gallego Julio Camba, Un año en el otro mundo, que cuenta a través de crónicas, cuando era corresponsal del diario *ABC*, la vida en Nueva York. Por las casi 170 páginas desfilan, escrito con un fino humor, la afición a los récords, el consumo de goma de mascar, el gusto por las catástrofes, el valor que se da al dinero como patrón del éxito social, el sensacionalismo de la prensa, la profusión de detectives, entre otras cosas que llamaron la atención de Camba sobre la sociedad norteamericana.

Y si bien Sol tenía la expectativa de comenzar a trabajar rápidamente, primero debió estar cerca de un mes internado en el hospital para tuberculosos Saint Bois. Su estadía allí obedeció más que nada a precaución, para ver cómo evolucionaba su salud luego de haber sido portador del bacilo de Koch. Para ese entonces, la tuberculosis en Uruguay estaba controlada a partir de la aparición de los antibióticos efectivos, y por eso Sol fue de los últimos pacientes que estuvieron en sala.

"Hace dos días que llegué a esta [Montevideo], el 30 del pasado diciembre había embarcado en Marsella. Hemos tenido un viaje feliz, con muy buena mar, aunque en Dakar [hizo] mucho calor; subíamos a dormir bastantes a cubierta".

Y cuenta cómo fue la llegada a Sudamérica, a Brasil: "Río de Janeiro [es] una ciudad estupenda, estuve en Copacabana, pues paramos unas 18 horas. Santos muy bonito, todo el paisaje es formidable".

Sobre Uruguay, el destino de su viaje, contó sus primeras impresiones al tocar el puerto: "Montevideo es maravilloso, las playas y una ciudad encantadora, muy tranquila, ahora estamos en pleno verano. Espero empezar a trabajar de corredor de comercio para una industria textil".

La carta está fechada el 20 de enero de 1950 y está dirigida a Carlos Adrán Cambón, un amigo de su familia que quedó en España, ahora viviendo en Viveiro, en la zona donde había nacido su padre, José. Adrán Cambón era cuñado de Mercedes Ladra. De profesión maestro, en la Guerra se alistó con el bando de los franquistas, pero eso no fue óbice para ayudar a Mercedes en procura de evitar la ejecución de Antonio ni para convertirse en el nexo con sus hermanos cuando estuvieron presos.

Treinta y cinco años es mucha vida, y en el caso de Sol fueron siete, como las que la creencia popular les adjudica a los gatos. Para llegar a bajar en el puerto de Montevideo e ir a vivir primero en una casa pensión en la calle Abayubá 2808 pasó mucho por ese cuerpo maltrecho, que estaba saliendo de la temible tuberculosis con tres cruces que lo tuvo al borde de la muerte. Quizás así se entiende lo que hizo Sol cuando caminó con su valija de madera desde el muelle del puerto hasta la plaza Independencia, se sentó en uno de los bancos y se largó a llorar.

Y en cada lágrima iba un recuerdo por el pasado y por lo pasado en los 35 años que lo separaron desde que se fue con diez meses de vida, con sus padres a España, en el año 1915, y el regreso ahora, hecho un hombre grande con 36 años, y con varias cicatrices y marcas indelebles en el alma y en la piel.

15
El silencio de los vivos

«Nunca destruyeron su ideología, nunca destruyeron su bondad, nunca destruyeron su humanidad», con voz queda y algo triste, Elena me habla de Antonio y de la relación que tenía con su madre Mercedes.

Hasta los años 90 del siglo xx la homosexualidad fue calificada como un trastorno y aún hoy, en occidente, una gran parte de la sociedad, sobre todo por la influencia de la iglesia no parece estar dispuesta a admitir que hay personas que pueden amar a los de su mismo sexo, así que debe haber sido muy difícil para Antonio hablarlo aun con su propia familia. En una sociedad machista, patriarcal, donde ser homosexual estaba mal visto, había que ser muy valiente, y Antonio lo fue, y contó con la comprensión de su hermana Mercedes, la Nena tan querida, la única que podía saberlo, acompañarlo y ayudarlo.

Pudo haber ocurrido que alguien de su amistad, o de su entorno lo supusiera o que el propio Ángel lo hubiera dado a conocer en ámbitos muy restringidos. El proceso de autorreconocimiento de la sexualidad es un tránsito muy duro cuando hay que ir contra creencias negativas muy arraigadas, prejuicios sociales donde no existen los matices ni puntos intermedios, y cuando no hay referentes o personajes públicos que reconozcan sin miedo su orientación sexual. En aquella España, y más en un pueblo chico, no era fácil. Ahora, en el siglo XXI, aún se dice "salir del armario", pero ¿cómo era en los años 30 del siglo pasado, en medio de una situación social y política complicada o ya en medio de la guerra? El silencio que rodeó siempre la muerte de Antonio fue generado por el miedo.

«Yo creo que el silencio que la familia guardó en torno a él, y sobre todo mi madre, era un silencio impuesto por una condena a muerte, enmarcado en una situación muy opresiva. Tienes que darte cuenta de que mamá se quedó sola siendo huérfana, siendo mujer y en medio de una guerra, con unas causas sobre su familia que no podía entender», me dice Elena.

Con respecto a Antonio, «mamá siempre mantuvo su inocencia y a mí lo único que me dijo es que había sido condenado porque unas personas a las que él mandaba lo habían traicionado y se habían cambiado de bando».

Eugenio, en tanto, nunca habló ni de su condena ni de la de sus hermanos. Él también adhirió a ese silencio. Eran exiliados políticos dentro de la España franquista: «Sin una familia que los acogiera, porque ellos eran su propia familia, debieron empezar de nuevo y olvidar y borrar el horror, el dolor, la muerte y la destrucción de sus seres queridos».

Debe haber sido muy difícil encontrar las palabras, unir letras y darle forma para todo lo que habían visto y sufrido. El silencio era una opción porque sentían que no debían descargar en sus familias, hijos, sobrinos, nietos las desgracias que habían caído sobre ellos. Fue un silencio áspero, duro. Un silencio que no era fácil pero que era, al fin, mejor que hablar, que remover heridas.

En mi familia el silencio en torno a lo vivido durante la Guerra fue notorio. Me lo dijo claramente Elena: «Mamá nos ocultó esa historia porque fue tremendamente dolorosa para ella. Sé que sentía una gran admiración por su hermano valiente y generoso y que sufrió mucho con su muerte».

¿Pudo haber sido por miedo, por rabia, por dolor, por impotencia o por un reclamo de justicia? Debe haber sido un poco de todo eso. Miedo porque vivían en una sociedad opresiva, pequeña, que castigaba al diferente, como en el caso de Antonio. Rabia, en el caso de Mercedes, porque no pudo dar vuelta la sentencia que recayó sobre su hermano más querido a pesar de intentarlo por todos los medios. Dolor e impotencia que persiguieron a Eugenio por ese destino que le tocó vivir, recorriendo España de campo de concentración en campo de concentración para poder rebajar la pena impuesta, y justicia en el caso de mi padre, que la persiguió en España y en Uruguay y nunca la encontró.

La violencia que se ejerció de un lado y del otro durante la Guerra española cobró numerosas vidas mientras duró el enfrentamiento pero siguió haciéndolo cuando terminó con la victoria de los insurgentes, que sostuvieron un clima de odio fogoneado por una atroz cacería de todo aquello que resultara sospechoso de militancia izquierdista o de valores supuestamente anticristianos. Ojo por ojo, así fue. Y hoy se pasa raya y se calcula cuántos asesinatos llevaron a cabo los republicanos y cuántos los falangistas, en un balance inconducente, doloroso, cuando lo que se requiere es justicia, dignidad y reparación moral. Los asesinatos no pueden ser una simple nota, un escrito al pasar en un documento o en un libro de historia, porque ni el presente ni el futuro se puede levantar sobre las fosas comunes.

16
Uruguay de nuevo: al fin la libertad

Con zapatos de segunda mano, pero bien lustrados, una camisa blanca, un saco y pantalón negros y una gabardina rescatada tras los avatares que tuvo que pasar en Francia antes de viajar a Uruguay, Sol Ladra se presentó en la Fábrica Nacional de Papel para empezar a trabajar en ventas, como corredor.

Hacía poco que había salido del hospital Saint Bois y se había ido a vivir en una casa de prestado en el barrio Aires Puros. Parecía una broma de mal gusto, pero así fue: él, que solo tenía un pulmón, vivió en el barrio Aires Puros. Su primer tiempo en Uruguay no fue fácil, pero sí notoriamente mejor que lo que había vivido en España antes de partir. Por otra parte, la recuperación de su salud fue rápida para los estándares. Estaba listo para empezar una nueva vida.

Durante los primeros tiempos, Sol tuvo el apoyo de La Casa de España y del Centro Republicano Español de Montevideo, organizaciones de los republicanos que ya estaban languideciendo por falta de apoyo y porque el franquismo se estaba imponiendo a nivel mundial, basándose en la diplomacia y, fundamentalmente, porque el régimen contaba con el sostén de Estados Unidos. En La Casa de España conoció a Rogelio Martínez, un comerciante gallego, comunista, dueño de la papelería Cin Ma, ubicada en la calle 25 de Mayo. Él fue quien lo presentó en la Fábrica Nacional de Papel. Rogelio fue un personaje singular, con algo de uruguayo y bastante de español, pero su patria, siempre decía, se llamaba exilio. Era un ser querible, de gran humor que siempre bromeaba con mi padre, según me contaba. Le decía: «Y gallego, ¿cómo andas?», y mi padre contaba que le contestaba: «De gallego ¡puñetas!, que soy de Santander», y ambos se largaban a reír.

En la sala de la fábrica, donde fue recibido por el jefe de personal, presentó sus documentos para que le hicieran una ficha que, como muchas cosas en el Uruguay, hoy no es posible encontrar porque, papel viejo al fin, las tiraron.

Solo puedo acudir a mi memoria y a lo poco que me contó de su incursión en la principal fábrica de papel de Uruguay. Cuando fue presentado al resto de sus compañeros de trabajo se le hizo notar que, aunque estaba elegante, no llevaba corbata.

—Mire, voy a ser el mejor vendedor que tuvo nunca antes, pero corbata nunca me voy a poner.

El vaticinio que lanzó Sol se cumplió. Fue un gran vendedor y nunca usó corbata. Nunca lo vi con corbata. En mi casa paterna, en el apartamento 14 de Propios 3039, no había corbata alguna.

Y se quedó en el barrio Aires Puros, pero ahora ya no de prestado, sino en una pieza que podía pagar en Propios 4061, casa de por medio con el 4065, donde vivía una muchacha que le llamó la atención y con la que pronto trabó amistad. Se llamaba Pilar y era la más joven de una gran familia de once hermanos, los Carlos-Quinteros, que estaba cuidando a su madre, ya bastante entrada en años y enferma, la canaria María Quinteros.

Y palabra va, palabra viene, comenzaron a salir.

Parece que una bruja del barrio ya le había alertado a Pilar, a pesar de que otros le decían que iba a quedar para vestir santos, que un extranjero le iba a robar el corazón. Y el augurio fue casi exacto, porque si bien Sol no era estrictamente un extranjero, dado que había nacido en Uruguay, en 1951 todavía era mucho más español que uruguayo.

Y de las palabras pasaron a los hechos y el sábado 27 de octubre de 1951, a las 11 horas, se casaron.

Ante mí, Román Álvarez Cortés, oficial del estado civil de la 22 sección del departamento de la capital comparecen Sol Ladra Pérez de nacionalidad oriental, nacido el día primero de mayo de 1914 en Montevideo, de profesión corredor, domiciliado en Propios 4061, hijo de José Ladra, fallecido y de Mercedes Pérez, fallecida y doña Pilar Carlos, de nacionalidad oriental, nacida el día 12 de octubre de 1917 en Canelones, de profesión labores, domiciliada en Propios 4065, hija de Tiburcio Carlos, fallecido y de María Quinteros, de nacionalidad española, de estado civil viuda, de profesión labores, domiciliada en Propios 4065. Son testigos de la boda una cuñada de Pilar, María Díaz de Carlos y un hermano, Celestino Carlos.

Lo curioso fue que hubo casamiento religioso con cura y todo, pero no en iglesia, sino en la casa de Celestino, el hermano de Pilar. Fue la primera concesión que hizo el anarquista Sol en nombre del amor que le profesaba a la que se convertiría en su compañera de toda la vida.

"Para mayo del próximo año, a los 40, seré padre, si no hay ningún contratiempo", escribió Sol en una carta a su hermana Mercedes en diciembre de 1953. "A Pilar le sentó muy mal el embarazo, estuvo dos meses y pico en cama, recién ahora marcha bien. No toleraba nada, todo lo arrojaba, incluso algunas veces sangre de la irritación que tenía. Felizmente todo pasó y ahora estamos contentos haciendo planes para el futuro".

Esto ocurrió en octubre de 1953. Pilar está acostada, acariciándose la gran panza que ya tiene, aunque lleva apenas tres meses de embarazo. Sol y ella ya han elegido los nombres: Aníbal o Yolanda. La radio está prendida y el relato de Carlos Solé se enreda con los ruidos de la casa. Es tarde de clásico. En el arco de Nacional está Aníbal Paz, que había sido suplente de Roque Gastón Máspoli en la gesta de Maracaná. Hay penalti para Peñarol. Pilar se toma la panza, se dobla de dolor ante las punzadas repentinas. Julio César Schiaffino coloca la pelota en el punto penal y retrocede unos pasos. La tribuna contiene el aliento, prepara el rugido. A Pilar le cuesta respirar, tiene que ir al baño otra vez, apenas puede contener las ganas de vomitar, se retuerce en la cama. Sol llama a la ambulancia para llevarla al hospital. Pilar vomita. Se ve un poco de sangre. Grita. Schiaffino se detiene y mira a Aníbal Paz, que lo espera en el centro del arco. El arquero ve los elegantes pasos del delantero, la precisión de la fuerza con la que golpea la pelota, que sale al medio. Aníbal Paz no se juega hacia ningún costado, embolsa el tiro. La mitad del estadio celebra, la otra mitad se agarra la cabeza. Los dolores cesan, Pilar tiene un respiro justo cuando llega la ambulancia y la sacan en camilla, sudorosa, exhausta. Sol le agarra la mano. "Va a ser varón", dice Pilar. "Va a ser Aníbal".

Aníbal nació en mayo y murió una semana después. Era un niño tan grande que le costaba respirar. "Es horrible, es lo peor. Tuve que llevar en una cajita así de pequeña, blanca, al niño para que fuera enterrado", me contó mi padre alguna vez.

Sol y Pilar habían hecho planes para el hijo: "Darle una buena educación que es el mejor y único dote que podemos darle, ya que las posiciones en la vida se conquistan, no se heredan, palabras que recuerdo oírlas de parte de nuestro finado padre", le contaba en una carta a su hermana Mercedes.

En el invierno anterior al nacimiento de Aníbal, Sol pasó muy mal de salud. Las secuelas de la tuberculosis y la operación le pasaron factura: más de un mes en cama con un fuerte catarro bronquial. "Nunca tan fuerte me había dado desde mi curación, me hicieron análisis y me vieron por rayos y todo estuvo bien".

Ya para ese año Sol se había independizado de la fábrica y se lanzó a vender papel. Se transformó en un autónomo, un trabajador por su cuenta. "Aquí, actualmente, hay una crisis de trabajo muy grande, muchos españoles e italianos han vuelto otra vez repatriados; yo me voy defendiendo, pero los negocios no son ni como mucho tan brillantes como antes". En esas cartas que regularmente intercambiaba con su hermana aparece por primera vez el tema de la visita a la familia en España. "Respecto de ir por esa es nuestro pensamiento realizarlo cuando podamos, pero tú sabes que soy un fugado y mientras estén ellos allí no es mi intención hacerlo".

Cuando yo nací, el 26 de junio de 1956, mi padre ya tenía 42 años y mi madre 39. Realmente para lo que era el avance de la medicina en aquel momento fueron audaces, sobre todo lo fue mi madre, porque, además, tres años después nació mi hermana, Laura.

A esa altura, mis padres ya estaban viviendo en el apartamento de Propios y Canstatt, cerca del antiguo Mercado Modelo. Mis primeros recuerdos son de una competencia de bicicleta —la

Doble Santa Lucía— que creo que una vez terminó en la esquina de casa, donde estaba el bar Los Farolitos, que era donde ensayaba la murga Don Timoteo cuando se acercaba el carnaval. Y si bien era ciudad, también tenía algo de campo. A una cuadra, la calle Arrieta todavía en los años 60 era de tierra y allí mandaba la banda de 'El Borriqueta', sobrenombre de González Guido, un maleante que a veces se paseaba por la avenida Propios montado a caballo, en pelo y al galope. En la tarde del 21 de febrero de 1967, El Borriqueta, Papuy, el Zoquete chico que huyó y el Beco, iban en una jardinera tirada por un caballo cuando se encontraron con una comisión policial. Intentaron huir y en medio de un intercambio de balas, El Borriqueta cayó muerto en la esquina de mi casa. Cinco minutos antes los niños de la cuadra habíamos estado jugando a la pelota en el mismo lugar.

Y la memoria me trae también las hermosas puteadas de mi padre, quien nunca dejó de hablar "en gallego", como le decían —cosa que lo llenaba de ira—, eran expresiones casi poéticas que salían de su boca cuando había algún problema o escuchaba a alguien por la radio y se enojaba: "Mecagueendiez", "Mecagoenlelecheputa", "hostiiiiaaa", "hijodelamalaleche", "cagantintas", era algunas de las más comunes.

El otro recuerdo que tengo es el de mi cuarto, donde estaba arrinconada una pequeña cama y el resto eran bobinas de papel que mi padre vendía. A veces venía una camioneta y un hombre desde el balcón de mi casa lanzaba las bobinas de papel a otro que esperaba abajo, y ahí ya me preguntaba por qué mi padre no hacía ese trabajo también. Del mismo modo me llamaba la atención que cuando íbamos a la playa mi padre siempre estuviera de camiseta. Generalmente, íbamos a la playa Malvín en el recorrido del 202 de Amdet, la Administración Municipal de Transporte, una compañía de transporte de pasajeros que era propiedad de la Intendencia Municipal de Montevideo. Después, cuando se dispuso otra línea, el 173 con destino al puente Carrasco, allí íbamos a pasar el día, con sombrillas y bolsos, mi padre, mi madre, mi hermana chiquita y yo. Él nunca jugaba a la pelota conmigo y eso me generaba frustración. Más adelante entendí, cuando supe que le faltaba un pulmón y diez costillas y que aquella falta hacía que cualquier esfuerzo, por pequeño que fuera, le provocara una gran fatiga.

Ya más de grande comencé a percibir el interés que mi padre tenía por lo que pasaba en el mundo. Todos los días, en casa se recibían dos diarios: de mañana, *El Día*, y de tarde algún tabloide; los viernes, el semanario *Marcha*, y el domingo de tarde, a las seis en punto, iba a la casa de doña Reina, a media cuadra de la nuestra, a cambiar *El Día* por *La Mañana*, que ella recibía.

También recuerdo que era un lector incansable, sobre todo en la noche, cuando se apagaban los ruidos de la casa, costumbre que siguió practicando aun cuando su vista comenzó a fallar. Eso se une en mi memoria a la discusión política que muchas veces se daba en mi casa sobre temas que yo no comprendía cabalmente.

Cuando se resolvió la crisis por la instalación de misiles de la urss en Cuba, mi casa se llenó de gente. Yo no entendía mucho, pero recuerdo que mi padre se abrazaba con otros hombres, estaban alegres. Después supe que fue por un acuerdo que evitó la Tercera Guerra Mundial, pero también porque Fidel Castro al frente de la revolución cubana se mostró fuerte. Fue el 29 de octubre de 1962: el mundo vivió en tensión durante trece días. Yo ni me enteré, apenas recuerdo que había cierto aire de tristeza en mi casa.

De alguna manera, repasando ahora aquel episodio, puedo entender la deriva ideológica de mi padre, quien en ese tiempo se había convertido en un ferviente lector del escritor francés Romain Rolland, quien había obtenido el premio Nobel de Literatura en 1915. Bajo su influencia, el anarquista Sol se vuelca decididamente a la búsqueda del amor por encima del conflicto. El pacifismo, el humanismo y los ideales más nobles llenan su existencia. "El hombre nace bueno por naturaleza", recuerdo que decía, y así se vincula a un grupo de difusores del esperanto, el idioma que pretendía convertirse en universal. Este grupo de españoles, en su mayoría republicanos exiliados, se mueve en torno a la imprenta y librería La Rápida, cuyo local estaba en el centro de Montevideo, Colonia y Yaguarón.

El anarquismo y los anarquistas en Uruguay encontraron a principios de siglo en José Batlle y Ordóñez un político que los escuchó y dio satisfacción a las demandas que planteaban. Para

Sol, el batllismo y las leyes sociales que se aplicaban en Uruguay fueron un tremendo avance. Pero los problemas sociales que comenzaron a aparecer en los años 50, como la falta de trabajo y la crisis hicieron estragos especialmente entre los trabajadores asalariados y los autónomos como mi padre[43].

La guerra de Vietnam era el tema que llenaba las páginas de los diarios en la información internacional. De la mano de mi padre yo iba todas las semanas los jueves al Instituto Cultural Uruguay Unión Soviética y los viernes al Instituto Cultural Uruguay China.

En esos lugares fui testigo de largas discusiones donde mi padre muchas veces tenía la voz cantante. Las películas que se exhibían en el instituto chino sobre la guerra de Vietnam centraban mi atención. En un cuaderno llevaba anotada la cantidad de aviones que les derribaban a los norteamericanos. Los Viet Cong y su líder Ho Chi Minh eran mis héroes.

Una vez fui a la casa de un compañero de la escuela, Felipe Sanguinetti, a hacer los deberes y a tomar la merienda. Al terminar de comer mi compañero me invitó a jugar a la guerra —era la época de las series Combate y Ataque que se emitían en los canales uruguayos—. Íbamos a recrear en el patio de la casa aquellas batallas que se veían por la televisión en blanco y negro. Mi compañero de clase sacó sus juguetes de guerra, cascos y metralletas, cosas que en mi casa estaban prohibidas. Nunca hubo un arma de juguete. Esto me producía cierto enojo, porque no entendía lo que mi padre me repetía constantemente: "Los padres de tus amigos no saben lo que es la guerra; yo sí. Aquí ni de juguete va a haber un arma".

En esa estábamos, dispuestos a jugar a la guerra cuando mi compañero de clase dice a viva voz, ya caracterizado, con

---

43 | Después de la guerra de Corea (1951-1953), el país ingresó en una grave crisis económica, cuando el modelo impulsado por el neobatllismo, basado en la industrialización por sustitución de importaciones, comenzó a manifestar signos de agotamiento. El quiebre de esta gestión se advirtió particularmente en 1959, con el ascenso al poder del Partido Nacional, instalando el primer colegiado blanco en el país luego de más de diez décadas de supremacía colorada. De acuerdo con lo establecido en la Constitución, el colegiado estaba integrado por nueve consejeros: una mayoría blanca de seis consejeros y tres más por la minoría colorada, habiendo sido presidentes, uno por año hasta 1963, Martín Recaredo Echegoyen, Benito Nardone, Eduardo Víctor Haedo y Faustino Harrison.

casco y blandiendo una metralleta de plástico: "Soy un soldado americano y voy a matar vietnamitas". Esa frase me produjo un impacto tremendo y pedí para irme a mi casa ante el asombro de los padres de mi amigo y de él mismo.

Al llegar a casa conté el episodio y mi padre me felicitó.

Ya desde los comienzos de los años sesenta el país vivió bajo permanentes agitaciones sociales, con fuertes reclamos debido a la crisis económica. Los sindicatos y las gremiales empresariales luchaban por la distribución de una riqueza que era cada día menor y que se escurría por una inflación que llegaba a los tres dígitos.

En el contexto internacional, en la década de los sesenta el eje central fue la disputa de la Guerra Fría entre la urss y Estados Unidos. Pero en 1959 se da el triunfo de la Revolución Cubana, lo que promovió diversos debates, especialmente dentro de la izquierda, donde se instaló la discusión acerca de las vías que se aplicarían en la región para llegar al poder.

En 1962 hubo elecciones y nuevamente el Partido Nacional resultó triunfante en las urnas, instalándose el segundo colegiado blanco (1963-1967). Presidieron sucesivamente el cuerpo: Daniel Fernández Crespo, Luis Giannattasio, Washington Beltrán Mullin y Alberto Héber Usher, conocido como Titito.

Mientras tanto, había un marcado discurso anticomunista que terminó por instalarse tras la Revolución Cubana. Surgieron grupos de ultraderecha que actuaban contra militantes de izquierda y en la primera mitad de los años 1960 se organizó un grupo guerrillero que en un principio no estuvo vinculado con ningún partido político existente, y que luego devino en el Movimiento de Liberación Nacional-Tupamaros (mln-t).

En medio de este panorama, Sol se vinculó primero al Movimiento Revolucionario Oriental de Ariel Collazo y luego se decantó por Enrique Erro, con quien se sentía muy a gusto y conectaba ideológicamente.[44]

Para las elecciones nacionales de 1966 militó en la Unión

---

44 | Collazo y Erro, dirigentes del Partido Nacional, centro derecha, hasta que lo abandonan para promover la unidad de todas las izquierdas. Ambos fueron perseguidos por la dictadura militar que se instauró en el Uruguay en 1973.

Popular, el acuerdo político entre socialistas y Erro, pero el fracaso electoral le pone punto final a la experiencia. En las elecciones se aprobó una nueva Constitución con la que se regresó al sistema presidencialista. Con el triunfo del exgeneral Óscar Diego Gestido como presidente para el período 1967-1972, el Partido Colorado regresó al poder. Al asumir, Gestido se encontró con un país que tenía graves problemas de inflación y una gran crisis económica. Para intentar aliviar la situación, devaluó el peso como parte de un plan de salida de la crisis[45].

En 1971 se creó el Frente Amplio y la sociedad se crispó aún más. A su vez generó un estado de ánimo particular, de optimismo, del que no estuvo ajeno mi familia, sobre todo mi padre. Ese año, además, se produjeron duelos para lavar el honor, los dos últimos celebrados en el país. El 17 de octubre de 1971, en la Escuela de Armas y Servicios se batieron a duelo de pistola el brigadier Danilo Sena y Enrique Erro. Sus padrinos fueron, respectivamente, el arquitecto Juan José Castro y el brigadier Juan Carlos Jorge, y el general de izquierda Víctor Licandro y el coronel Hermenegildo Irastorza. El presidente del Tribunal de Honor fue el general Enrique Magnani. Los disparos no afectaron a los contendores y el lance terminó sin reconciliación. Recuerdo haber ido con mi padre a la sede central de la candidatura de Erro en la calle Rondeau y Cerro Largo a esperar el desenlace del duelo.

---

45 | El plan del presidente Óscar Gestido no trajo solución a los problemas, y antes de finalizado el primer año de mandato falleció a causa de un ataque cardíaco, el 6 de diciembre de 1967. Lo sucedió constitucionalmente el vicepresidente Jorge Pacheco Areco, quien debió enfrentar una delicada situación económica, inestabilidad política y una férrea oposición estudiantil y sindical. Hubo un factor más: la acción de la guerrilla tupamara y de otros grupos armados menores. Ante esa coyuntura, Pacheco, un gobernante populista de derecha, actuó con mano dura, autoritariamente, aplicando en forma continua Medidas Prontas de Seguridad. Durante su gobierno se registró la primera muerte de un estudiante, Líber Arce, el 14 de agosto de 1968, y entre 1968 y 1973 clausuró seis medios de prensa y disolvió seis grupos políticos: Partido Socialista, Movimiento de Acción Popular Uruguayo, Federación Anarquista Uruguaya, Movimiento de Izquierda Revolucionaria, Movimiento Revolucionario Oriental y Grupo de Independientes de Época.

Durante los días previos a las elecciones de 1971 el general Ribas (ultraderecha) acusó al general Líber Seregni[46] de traidor, este se siente ofendido en su honor y lo reta a duelo, que se lleva a cabo el 7 de diciembre en el campo de Aviación de Pando. Ninguno de los duelistas resultó herido y tampoco hubo reconciliación. Este fue el último duelo en el país. En 1992 la ley de duelos fue derogada.

Luego de la gran decepción por el resultado de las elecciones de 1971, mi padre, que ya comenzaba a tener problemas de salud, replegó su actividad política.

La noche del 27 de junio de 1973, llegué tarde a casa sin ningún tipo de información sobre lo que había pasado en el país. Venía de festejar mi cumpleaños y estaba ausente de las últimas novedades. Me llamó la atención encontrar a mi padre despierto y con la radio prendida. «Han dado un golpe de Estado», me dijo, «se vienen horas difíciles».

Y tuvo razón.

Tan difíciles fueron esas horas que Uruguay se sumió en la oscuridad total durante doce años. Miles de uruguayos fueron presos políticos. La dictadura uruguaya forzó al exilio a cerca de 380.000 personas.

Otra vez Sol se vio enfrentando a una dictadura, otra vez a hablar en voz baja, otra vez a pensar en exiliarse, pero ¿a dónde? Solo se le cruzó por la cabeza regresar a España después de la muerte de Franco, en 1975, aunque ya era bastante mayor y además ya tenía varias patologías que lo debilitaban.

Durante años, cuando iba acercándome a casa por la noche, siempre me asaltaba el mismo presentimiento: ahora doy vuelta la esquina y voy a ver una ambulancia. Tal era la fragilidad de la

---

46 | Militar y político uruguayo. Uno de los fundadores del Frente Amplio, la unidad de toda la izquierda, fue el primer candidato presidencial y líder de esta fuerza política. Fue perseguido por la dictadura. El 9 de julio de 1973 se realizó una manifestación pública contra el golpe de Estado del 27 de junio de ese año. Seregni fue apresado y luego liberado en forma provisoria el 2 de noviembre de 1974. El 11 de enero de 1976 volvió a ser arrestado. En 1978 fue condenado por el Supremo Tribunal Militar a 14 años de prisión y a la pérdida de su rango militar, acusado de "sedición y traición a la patria". Durante su cautiverio se hicieron campañas por su libertad en todo el mundo las que, junto a su espíritu y vocación democrática, lo trasformaron en una figura política de prestigio y renombre internacional.

salud de mi padre. Nunca ocurrió, aunque esa imagen me persiguió durante años y no la he olvidado.

En los años 80, la salud de Sol declinó rápidamente, el cuerpo castigado comenzó a apagársele; sin embargo, él seguía polemizando con los amigos que llegaban a visitarlo a su casa. Pilar los convidaba con escones o pan casero y té. El apartamento 14 se transformó, durante la dictadura, en un lugar de reunión de viejos militantes uruguayos y algunos republicanos como el sastre Fernández Álvaro o Marcelino Martínez, el dueño de un bar que estaba en la planta baja del Palacio Salvo, La Puerta del Sol. Había también algunos comunistas, otros con adhesión marcada al MLN-Tupamaros, como el viejo Dávila, un exdirigente del gremio textil, de ideas alocadas como la de construir una especie de chata acuática con una casa arriba y lanzarse a vivir de la caza y la pesca por todo el río Uruguay y el Paraná. Nada de eso fructificó, por obvias razones.

En la mañana del 30 de noviembre de 1980, aún en dictadura y a pesar del viento y algo de frío, acompañé bien temprano a mi padre a votar en un circuito del centro. Con su Credencial Cívica en la mano, apoyado en su bastón de madera, caminando con alguna dificultad, no dudó en poner en la urna la papeleta del no.[47]

En 1983, aún en dictadura, se realizó el mayor acto en conmemoración del 1° de Mayo que se recuerde, justo en la fecha del cumpleaños de Sol. Ese mismo año, la dictadura prohibió un recital de Joan Manuel Serrat. Pero en octubre del año siguiente, ya en la agonía de la dictadura, Serrat se presentó en el estadio Centenario. El día anterior brindó una conferencia de prensa que fue multitudinaria, y luego del encuentro me acerqué al artista y le conté sobre mi padre. Serrat quiso conocerlo y al otro día, en la mañana, Sol estuvo unos minutos conversando con el cantautor catalán. Fue un encuentro lleno de emoción, quizás el último antes de recluirse en su casa, ya aquejado de varias enfermedades. El escenario para el concierto de Serrat se levantó contra la

---

47 | El plebiscito de 1980, realizado en Uruguay el 30 de noviembre, fue propuesto por el gobierno militar, con el objetivo de modificar la Constitución para legitimar la dictadura. El proyecto fue rechazado por la población por un 56% de los votos válidos y desencadenó el proceso de apertura democrática. https://www.pitcnt.uy/novedades/noticias/item/3857-el-cuento-de-los-generales-que-se-creyeron-su-propio-cuento

tribuna Olímpica y en medio de la actuación hizo subir al general Liber Seregni, líder del Frente Amplio, quien había sido dejado en libertad en marzo de ese mismo año.

También ese año, al amparo de la ley española, Sol Ladra solicitó al Ministerio de Hacienda una pensión como mutilado excombatiente de la Guerra Civil. El Ministerio le negó la pensión por no llegar al puntaje mínimo requerido (sic). Veinte puntos le dieron en su dictamen, cuando lo mínimo requerido eran cuarenta y cinco: "Las circunstancias concurrentes en el solicitante no satisfacen los requisitos establecidos por la ley". Para Sol eso fue una burla. ¿Cómo se podía aducir que no llegaba a ser un mutilado de guerra cuando le faltaba un pulmón y diez costillas como consecuencia de aquel episodio? "¿Me tendrían que faltar los dos pulmones para que me den el 100 por ciento de puntaje?", ironizaba sobre la resolución que algún burócrata definió sentado en un escritorio en el Ministerio de Hacienda y que avaló el Tribunal Médico Central. El presidente del gobierno español en aquel momento era Felipe González, un socialista, que así trataba a los excombatientes republicanos, con desprecio.

Ya en esa fecha Sol comenzó a tener problemas de corazón y debía cuidarse al extremo, cosa que a veces no era posible porque en esa casa, si bien nada faltaba, tampoco sobraba nada y a veces no había dinero para los medicamentos.

La caída de la dictadura uruguaya, en 1985, fue una buena noticia para Sol, aunque no podía hacer nada más que alegrarse por lo que escuchaba por la radio, en la mítica emisora cx 30 dirigida por Germán Araújo[48] y que fue un pilar de la resistencia contra el régimen dictatorial. Fue otra fecha para guardar en la memoria de Sol, en ese disco duro que ya estaba lleno de imágenes, de hechos, de lágrimas, de dolor, de cartas no respondidas, de cartas no enviadas, de comida no saboreada, de triunfos y de pérdidas.

En los primeros días de enero de 1985 mi padre nos pidió a todos que lo escucháramos a la hora del almuerzo. Debió ser un domingo, que era cuando nos juntábamos al mediodía para

---

48 | Periodista y político uruguayo de gran actividad al frente de CX·3O La Radio que se transformó en uno principales medios opositores a la dictadura militar.

almorzar pasta, casi siempre ravioles de verdura que era lo que más le gustaba, con aceite y queso, que podía comer sin que le pateara el hígado. Sentados en la mesa rectangular del living del apartamento de la calle Propios, levantó el vaso con agua para brindar. «Hoy ya hace más tiempo que estoy aquí, en Uruguay, que en España». Cuatro años después, en 1989, Sol Ladra Pérez murió y así llegó al final de un largo periplo que lo llevó a nacer en Uruguay, criarse en España, luchar contra el fascismo, caer preso, enfermarse gravemente, casi hasta la muerte, resucitar, huir a Francia y volver a recalar en Uruguay a vivir y a morir.

Muchos años después, el primero de mayo de 2014, cuando recordé en mi perfil de Facebook los cien años del nacimiento de mi padre, un querido amigo, Atilio Rivero, escribió allí una sentida memoria: "El gran recuerdo que tengo de tu viejo, diciembre de 1988, fui al apartamento de Propios y me lo encontré postrado en la cama y me dijo: '¡Qué bueno que me viniste a ver, Atilio! Me queda poco'. Indudablemente, presagiaba su final. En ese momento pensé en el magistral poeta León Felipe: Por la manchega llanura/ Se vuelve a ver la figura/ De Don Quijote, pasar/ Va cargado de amargura/ Va vencido el caballero/ Que retornó a su lugar. Sin lugar a dudas, Sol Ladra cargaba con sus huestes derrotadas por ser un eterno batallador a pesar de su precaria condición física".

Cuando Eugenia, la nieta de Sol Ladra, estuvo en el año 2018 hurgando en los archivos que había en la ex cárcel de La Tabacalera, encontró un documento del Ministerio de Justicia, dirección general de prisiones de Santander, fechado el 21 de abril de 1958, por el cual se ponía fin a la libertad condicional de su abuelo. Mi padre nunca se enteró de la existencia de este documento.

17
Los rojinegros

Ahí está, recostado, con la cabeza apoyada en un gran almohadón, la mirada perdida, los lentes culo de botella, la respiración difícil; el vaporizador sigue prendido y larga una humedad blanca que inunda el cuarto. Meses tirando vapor, todo el día, toda la noche. Ahí está, sobre una cama de madera tallada, Sol Ladra Pérez.

Hacía un par de horas que mi madre había logrado ubicarme, no existían los celulares, me había dejado un mensaje en el almacén de al lado de casa, en el diario, cuando lo recibí, la llamé y me dijo: «Ahora sí, se está yendo. Ahora sí, se está muriendo. Lo dijo el médico que estuvo hace un ratito nomás». Llegué al 3039 de Propios, abrí la puerta de metal pintado de azul y subí la escalera de dos en dos, y llegué al descanso, seguí por el largo corredor hasta el apartamento 14. Mi madre estaba en el living, tomando un té. Tenía los ojos llorosos, el rostro agotado. Al lado, mi hermana se levantó, fue al dormitorio y regresó enseguida, dijo algo, muy poco. No hubo que hablar mucho, en ellas estaba todo escrito.

El olor a algo parecido a amoníaco me inundó las narinas. Hago un esfuerzo ahora para reconstruir aquel momento, pero no puedo, me supera, me quiebra. Recuerdo que me quedé quieto para acostumbrar la vista a la oscuridad. Ahí está el dormitorio, sin cambios desde que tengo memoria: las paredes blancas, enfrente a la cama un ropero grande que hace juego, a los costados dos mesas de luz, con sus portátiles apagadas y, sobre el costado izquierdo, una cómoda repleta de medicamentos, un pastillero de metal, suero y algodón.

Sobre la pared, coronando la cama, del lado derecho, el de mi madre, un crucifijo de madera y bronce.

Me siento al lado de mi padre, sobre el borde. Tiene puesto un pijama azul, y debajo una gruesa camiseta blanca. Sin hacer muchos movimientos, le tomo las manos; siempre me llamaron la atención sus manos largas, de dedos finos, piel suave y uñas cuidadas. Así están ahora. Como si por ellas no hubieran pasado los años, como si fueran las manos de otro.

Pero al cuerpo se le ve gastado. Vivió años de sufrimiento desde la última operación, la del cáncer de próstata, que lo obligó a usar permanentemente una sonda, cosa que lo agobiaba. Cada vez más flaco, el lado izquierdo de su cuerpo, el de la gran operación, la toracoplastia para sacarle el pulmón enfermo, es una lámina gruesa de piel y carne magra. Esa parte de su cuerpo atravesado por una gruesa cicatriz, un camino de doble vía marcado en su piel por años y años. La respiración es dificultosa, el pecho se infla y se desagota rápidamente y se ve que cada vez le cuesta más mover el fuelle.

—Papá, acá estoy.

—...

La cabeza inmóvil, apenas ladeada sobre el lado izquierdo. Aprieta mi mano de forma casi imperceptible, no tiene fuerza. Extiendo la sábana y aliso la frazada marrón a cuadros grandes arrollada a la altura de las rodillas.

Entre lágrimas le vuelvo a hablar:

—Papá, ya está… Ya estás llegando al final, es el final, capaz que, por fin, vas a ver a Antonio… andá a saber…

No puedo seguir hablando, ¿para qué hacerlo?

Le agarro la cabeza con mis manos, me inclino y lo aprieto contra mi pecho por un instante. Después, lo dejo otra vez sobre la almohada. Se queda inmóvil, la boca está entreabierta, está mirando hacia ningún lado.

Un sonido áspero corta el aire, exhala de su único pulmón.

Desenchufo el vaporizador, ya no es necesario. Tiro del cable, la máquina deja de hacer burbujas y de largar humedad.

—Los rojinegros… —balbucea.

Apenas alcancé a oírlo de tan bajo que habló. Fue algo inesperado.

Acerco el oído y lo tomo de la mano, que ya está floja, sin fuerza. La cabeza cae sobre su costado, los ojos están como en blanco, quietos, y, si todavía hay para una mirada, si queda alguna foto para disparar, se detiene, el lente medio abierto, sin llegar a obturar por completo. En esos ojos castaños se agolpa toda su historia: la primera vez que vio a su madre, la oscuridad del barco, el verde del campo, el pueblo, el azul del mar, el horror de la guerra, los muertos. Todo se quedó amontonado ahí. ¿Habrá quedado impregnada en la retina su última mirada? ¿Cuál habrá sido el optograma? El cuerpo ahora sí está totalmente inmóvil, el brazo izquierdo sobre el pecho y el derecho caído, colgando. Debajo de la cama, ya inútiles, están la chata y el violín.

En el cuarto ya no hay ruidos, solo suspiros, al otro lado de la puerta percibo los sollozos de mi madre y de mi hermana. En la casa hay como un mayor espacio. Desde la avenida, llegan los sonidos de otras vidas que siguen con sus actividades: pasan autos, motos con el escape libre, un ómnibus casi sin pasajeros que dobla en la esquina y a lo lejos se escucha el pregón del afilador que pasa por la casa todos los sábados al atardecer.

Mi padre acaba de morir.

18
Posdata: faltaron y faltan nombres

El 8 de noviembre de 2009 se inauguró un monolito con 54 nombres de uruguayos que pelearon y varios murieron en las Brigadas Internacionales, luchando contra el franquismo. El acto se realizó en el parque Segunda República Española, en la localidad de Santiago Vázquez, en la desembocadura del río Santa Lucía, a iniciativa de la Intendencia y la Junta Departamental de Montevideo.

Esa mañana fui ilusionado con ver el nombre de mi padre allí, estampado para la posteridad, porque si bien no fue integrante de las Brigadas Internacionales, fue un uruguayo que estuvo en la guerra civil defendiendo la República. Grande fue mi sorpresa —aunque no tanta—, cuando no encontré el nombre de Sol Ladra.

Se lo hice saber a los organizadores, manifestando mi extrañeza por la forma en que se llegó a conformar esa lista. ¿Cuándo se hizo un llamado público para que se aportaran nombres? Nunca. Otra vez el silencio, otra vez el secuestro de la verdad histórica. Y no fue solo el nombre de mi padre, sino que allí mismo, un colega, periodista y amigo, Roger Rodríguez, acercó el nombre de otro uruguayo, un brigadista anarquista, Anselmo Bastero, quien también estuvo en la guerra y no aparecía en la lista.

En unos minutos, pasaron de 54 a 56 los uruguayos participantes de la Guerra de España, cuando en realidad fueron muchos más. Sobre la marcha se cambió el objeto de la iniciativa y desde los organizadores se dijo entonces que era "un esfuerzo por hacer justicia histórica para recuperar la memoria y que ese monolito era un primer reconocimiento y que se iba a ampliar con más nombres".

No pude apreciar el canto de Andrés Stagnaro, con sus canciones de la guerra. Un sentimiento de bronca e impotencia me ganó durante esa mañana, que ni siquiera mermó cuando Mauricio Rosencof, expreso político uruguayo y en ese momento director de Cultura de la intendencia de Montevideo en su discurso salvó la omisión: "[Liber] Seregni decía que la Guerra Civil española partió al Ejército uruguayo en dos, tal vez también a la sociedad uruguaya, porque por algo, los unos son los unos y los otros son los otros, hay una continuidad histórica y fue muy importante el impacto de la Guerra Civil española en la identidad política de los uruguayos, nos formamos en la defensa de la institucionalidad que se dio en España".

Rosencof reconoció que "a esta lista inicial hay que incorporar más nombres, entre ellos a José Ladra, que Antonio, que está presente, me contó que se llamaba José Sol Ladra, y que Sol era el nombre que los anarcos les ponían a sus hijos para no respetar el calendario religioso. Todo es memoria, no existe el olvido. Tarde o temprano se levantan estos memoriales", concluyó en su discurso.

Sin embargo, la memoria y la posmemoria se deben cuidar, conservar e investigar. Ya el monolito era impropio para recordar a los voluntarios combatientes: una obra fea, sin contexto alguno, hecha a las apuradas, unas planchas de hormigón mal unidas, de manera desprolija y una placa de chapa donde los nombres se van borrando por las inclemencias del tiempo y por la vandalización de manos que no saben qué es lo que representan, ni por qué están ahí[49].

La promesa hecha por las autoridades de la época de salvar el olvido nunca se cumplió. Faltaron nombres y faltan nombres.

---

49 | Sergio Yanes Torrado, Carlos Marín Suárez, María Cantabrana Carassou. *Papeles de plomo. Los voluntarios uruguayos en la guerra de España*. Banda Oriental, 2017.

Epílogo
(del hijo, del sobrino y del nieto)

En la madrugada del benévolo invierno de 2023 salí a caminar por la rambla montevideana, del barrio Sur hasta el parque Rodó, ese democrático paseo recostado sobre el Río de la Plata. Bajé por el viejo gasómetro y allí en esa gran pared que mira todos los días hacia el río grande como mar hay un gran mural con la imagen de Elena Quinteros, secuestrada y luego desaparecida durante la dictadura militar uruguaya.[50]

En el mural, junto con la imagen de la maestra Quinteros hay una inscripción que dice: Elena siempre vuelve. Esa frase se me pegó en el cerebro, la repetí varias veces durante mi caminata: Elena siempre vuelve. Son tres palabras: un nombre y el siempre que es como decir eternamente, como decir nunca se va a ir, nunca va a perderse. Elena siempre está en nuestro recuerdo, en nuestro reclamo. Elena eternamente regresa.

Y cambié Elena por Sol, mi padre, y después puse Antonio y Eugenio y Mercedes.

Ellos siempre vuelven.

---

50 | Maestra y militante anarquista secuestrada en junio de 1976 del jardín de la embajada de Venezuela en Uruguay. Torturada durante meses, ejecutada a principios de noviembre de 1976 y desaparecida.

Agradecimientos

Este libro no existiría si no fuera por el decisivo empujón que me dio Juan Gómez Bárcena, quien además nos dio posada, a Eugenia y a mí, mientras nos llevaba a recorrer la geografía física, humana y emocional de su pueblo, Toñanes, que fue también el de mi familia paterna.

También se debe al impulso interior de mi hija Eugenia, quien, en medio del dolor por la muerte de su abuela materna, Berta, en febrero de 2018, cuando estaba en Madrid, decidió ir a Santander a buscar información sobre Sol, su abuelo paterno a quien no conoció, aunque sí sabía algo de su peripecia vital. Los documentos que ella consiguió en la Biblioteca Central y Archivo Histórico de Santander —ubicado en el mismo lugar donde estuvieron presos mi padre y mis dos tíos tras la finalización de la Guerra de España—, fueron el puntapié inicial para este trabajo.

A mi prima Elena, quien compartió conmigo material familiar: cartas, fotos y también opiniones, recuerdos y silencios.

Otro querido amigo que me dio aliento para encarar esta historia fue Claudio Invernizzi, que además me ha hecho el honor de escribir el prólogo. Fue el primer lector de este trabajo y un orientador decisivo.

Y como siempre, no puedo dejar de agradecer a Pedro Cribari, quien escuchó una y otra vez las historias y se emocionó con ellas, así como a mi entrañable amiga Marianella Morena, lectora de los primeros borradores. Alfonso Lessa, Mónica Migdal, Daniel Vidal Saraví, presentes con sus señalamientos y aportes y Ana, a pesar de haber incumplido su promesa de no llorar.

A mi compañera Adriana Aguirre Grompone, quien con amor soportó mis noches de insomnio, mis dudas y tristezas y, a la vez, fue lectora atenta de estas páginas.

No quiero olvidar al personal del Archivo General de la Nación, por permitirme durante varias mañanas y tardes hurgar en los registros: hojas ya gastadas y ajadas por el tiempo, en busca de datos de los viajes de mis abuelos.

También debo señalar a Martín Fernandez Vizoso, periodista gallego a quien no conozco sino a través de las redes sociales, quien me ayudó con contactos y con la difusión de este trabajo en *La Voz Galicia*, lo que a su vez abrió otras puertas para encontrar respuestas a algunas preguntas que todavía quedaban flotando.

Debo sumar a Eliseo Fernández, a quien tampoco conozco personalmente, historiador gallego, del Ferrol, quien aportó documentación clave.

Debo agradecer especialmente a La Vorágine de Santander que mantiene la llama encendida por rescatar la memoria histórica de ese pasado traumático de la Guerra de España y el franquismo. Las memorias silenciadas de las víctimas de la Guerra resurgen gracias a colectivos como La Vorágine. Gracias.

Guía de nombres

JOSÉ MANUEL LADRA INSÚA
Nacido en Xove, Lugo, Galicia, en 1886. Alrededor de 1907 emigró a Uruguay. En Montevideo conoció y se casó con Mercedes Pérez Calderón. Regresó a España, a Toñanes, en 1915. Murió en Cantabria con tuberculosis en el año 1926.

MERCEDES PÉREZ CALDERON
Nacida en Oreña, Cantabria en 1887. Alrededor de 1907 emigró a Uruguay, a Montevideo, donde conoció y se casó con José Manuel Ladra Insúa. Regresó a España, a Toñanes, en 1915. Murió en Cantabria con tuberculosis en 1926.

JOSÉ SOL LADRA PÉREZ
Nacido en Montevideo, hijo mayor de José Manuel Ladra Insúa y de Mercedes Pérez Calderón. Criado en Toñanes, Cantabria, miliciano en el batallón 106 de Santander, preso del franquismo, se escapó a Francia y regresó a Uruguay en 1950.

ANTONIO ANÍBAL LADRA PÉREZ
Segundo hijo de José Manuel Ladra Insúa y de Mercedes Pérez Calderón. Nacido en Toñanes, Cantabria, teniente de la milicia del batallón 107 de Santander, preso del franquismo, fusilado el 11 de julio de 1941.

EUGENIO ENRIQUE LADRA PÉREZ
Tercer hijo de José Manuel Ladra Insúa y de Mercedes Pérez Calderón. Nacido en Toñanes, Cantabria, miliciano en la sección de ametralladoras del batallón de infantería 126 de Santander, preso del franquismo, hizo trabajo esclavo como integrante del Batallón Disciplinario de Soldados Trabajadores número 94.

MERCEDES INÉS LADRA PÉREZ
Hija mujer de José Manuel Ladra Insúa y de Mercedes Pérez Calderón, nacida en Toñanes, Cantabria. Militante juvenil de las Juventudes Libertarias de Cóbreces, cuando sus hermanos caen presos se refugió en Viveiro, Galicia.

CELESTINA CALDERÓN RAMOS
Madre de los hermanos Pérez Calderón. A la muerte del matrimonio de José Manuel Ladra y Mercedes Pérez, crió a sus nietos, los Ladra de Toñanes.

AURELIA PÉREZ CALDERÓN
Hermana de Mercedes Pérez, vivía en Toñanes, Cantabria.

GENOVEVA PÉREZ CALDERÓN
Hermana de Mercedes Pérez, vivía en Toñanes, Cantabria.

CELESTINO PÉREZ CALDERÓN
Hermano de Mercedes Pérez, vivía en Toñanes, Cantabria.

ANTONIO LADRA CARLOS
Autor de este libro, nacido en Montevideo, Uruguay, hijo de José Sol Ladra Pérez.

MARIA EUGENIA LADRA BONÉ
Nacida en Montevideo, hija de Antonio Ladra Carlos, nieta de José Sol Ladra Pérez.

Fuentes

Publicaciones periódicas

ABC (España)
ACRACIA (España)
EL CANTÁBRICO (España)
EL DIARIO MONTAÑES (España)
EL DIARIO.ES (España)
EL PAÍS (España)
LA VANGUARDIA (España)
LA VOZ DE CANTABRIA (España)
PÚBLICO (España)
AHORA (Uruguay)
BRECHA (Uruguay)
DE FRENTE (Uruguay)
EL DÍA (Uruguay)
EL PAÍS (Uruguay)
EL POPULAR (Uruguay)
EL SOL (Uruguay)
LA MAÑANA (Uruguay)
LUCHA LIBERTARIA (Uruguay)
MARCHA (Uruguay)
YA (Uruguay)

Documentación

Archivo Anáforas. Facultad de Información y Comunicación, Uruguay

Archivo Biblioteca Nacional de España

Archivo Family search

Archivo General de la Nación de Uruguay

Archivo Registro Civil Uruguay

Ayuntamiento Alfoz de Lloredo (España)

Ayuntamiento de Talavera de la Reina (España)

Biblioteca Central de Cantabria y Archivo Histórico Provincial (España)

Biblioteca Nacional Uruguay

Biblioteca Palacio Legislativo Uruguay

Biblioteca virtual de prensa histórica (España)

Centro Documental de la Memoria Histórica (España)

Diario Oficial del Ministerio de Defensa (España)

Diario Oficial del Ministerio de la Guerra (España)

Bibliografía

ANDRÉS GÓMEZ, Valentín. "Guerrilla antifranquista en Cantabria". Revista HISTORIA, *La Guerra Civil 70 aniversario*.

ARAÚJO, Orestes. *Diccionario geográfico del Uruguay*. Dornaleche y Reyes. Uruguay. 1900

BÁRCENA GÓMEZ, Juan. *Lo demás es aire*. Seix Barral, España. 2022

BINNS, Niall. *Aventura y aprendizaje en "Wing" (Luis Alfredo Sciutto). Un testimonio uruguayo sobre la Guerra Civil Española*. Revista Letral. 2010.

BUTAZZONI, Fernando. *Seregni-Rosencof. Mano a mano*, Montevideo: Editorial Aguilar. 2002

CERCAS, Javier. *El Monarca de las sombras*. Penguin Random House Grupo Editorial España, 2017

CHAPSAL, Frederic; ROSSIF, Madeleine. *Mourir à Madrid*. Marabout Université. 1963

CONSTANTE, Mariano y RAZOLA, Manuel. *Triángulo azul. Los republicanos españoles en Mauthausen*. Huesca: Gobierno de Aragón, Departamento de Educación, Cultura y Deporte - Amical de Mauthausen. 2008

CRIADO MENÉNDEZ, Enrique. *Guerra Civil en Cantabria: la represión republicana y franquista 1936-1948*.

D´OZOUVILLE, Leopoldo. "La tutela del emigrante español, 1915", citado en *Pasajeros de tercera clase. La odisea migratoria trasatlántica a través de las Memorias de viaje de los Inspectores de Emigración* de Blanca Azcárate Luxán y J. Julio Rodríguez Hernández

DELPERRIÉ DE BAYAC, Jacques. *Las Brigadas Internacionales*. Madrid: Júcar. 1968

DESPERTA FERRO Nº 47. *Asturias 1937. La caída del norte.*

EBRE 38. Revista Internacional de la Guerra Civil.

FERNÁNDEZ, Gustavo y VIDAL, Daniel. *Orígenes del Movimiento Obrero y la primera Huelga General en Uruguay.* Montevideo: Editorial Aportes. 2012

FREIRE, Ana. *Los uruguayos y la ayuda a la República. Comités de ayuda a la España republicana.* El Tranvía. 1999

GARCÍA QUEIPO DE LLANO, Genoveva. *El reinado de Alfonso XIII. La modernización fallida.* 1997

GIL MUGARZA, Bernardo. *España en llamas 1936.* Ediciones Acervo. 1972

GONZÁLEZ ARAGONESES, Federico. *Historia de la cirugía torácica (1936).* Editores: Federico González Aragoneses, Unai Jiménez Maestre y Florentino Hernando Trancho. Sociedad española de cirugía torácica.

GRAN ENCICLOPEDIA DE NAVARRA: http://www.enciclopedianavarra.com

GRANDES, Almudena. *Los pacientes del doctor García. El fin de la esperanza y la red de evasión de criminales de guerra y jerarcas nazis dirigida por Clara Stauffer.* Madrid - Buenos Aires, 1945-1955. Tusquets editores. 2017.

—*La madre de Frankenstein. Agonía y muerte de Aurora Rodríguez Carballeira en el apogeo de la España nacionalcatólica, Manicomio de Ciempozuelos (Madrid), 1954-1956.* Tusquets editores. 2020.

GUTIERREZ FLORES, Jesús. *Guerra Civil en Cantabria y pueblos de Castilla.*

GUTIÉRREZ FLORES, Jesús y GUDÍN DE LA LAMA, Enrique. *Cuatro derroteros militares de la Guerra Civil en Cantabria.* Monte Buciero. 2005.

HEMINGWAY, Ernest. *La quinta columna y cuatro historias sobre la Guerra Civil española.* Emecé editores. 1969.

HERNÁNDEZ DE MIGUEL, Carlos. *Los campos de concentración de Franco.* Ediciones B. 2019

HIERRO GÁRATE, José Ángel, GUTIÉRREZ CUENCA, Enrique, y BOLADO DEL CASTILLO, Rafael. "80 años después de la batalla de Santander. Las huellas del avance italiano y de la resistencia republicana". Saibigain. Revista digital de la Asociación Sancho de Beurko. Octubre 2017.

HOWSON, Gerald. *Armas para España. La historia no contada de la Guerra Civil Española.* Madrid: Península. 2000.

IBÁRRURI, Dolores. Coordinación. *Guerra y revolución en España 1936 – 1939.* Tomo 1,2 y 3 Autores varios. Editorial Progreso. Moscú. 1967.

ÍÑIGUEZ, Miguel. *Enciclopedia histórica del anarquismo español.* Vitoria-Gasteiz: Asociación Isaac Puente. 2008

KOPPMANN, Walter. "Sindicalismo revolucionario y movimiento obrero. Lucha política, práctica militante y organización de base en el Sindicato de la Madera de la ciudad de Buenos Aires, 1915-1930". XVI Jornadas Interescuelas/Departamentos de Historia. Departamento de Historia. Facultad Humanidades. Universidad Nacional de Mar del Plata, Mar del Plata. 2017.

LLANO DÍAZ, Ángel. *La enseñanza primaria en Cantabria. Dictadura de Primo de Rivera y Segunda República (1923-1936).* Universidad de Cantabria. 2012

MARTINEZ, Rogelio (compilador). *Crónica del exilio español en Uruguay.* Editorial J. Bergamin. 1999.

MINISTERIO DE OBRAS PUBLICAS DE ESPAÑA. *Canal bajo del Alberche. 1940 a 1950.*

MORALES, Luis. *Matosas el constructor.* Editorial Cauce. 2007

NAVÍO ANÁRQUICO. Asociación Isaac Puente. http://www.navioanarquico.org/

NUÑEZ, Miguel. *La Revolución y el deseo.* Cahoba. Ediciones Península. 2002

OLIVA GERSTNER, Laura. "El alojamiento de inmigrantes en el Río de la Plata, siglos XIX y XX: planificación estatal y redes sociales". Biblio 3W Revista Bibliográfica de Geografía y Ciencias Sociales, Universidad de Barcelona, Vol.XIII, Nº 779, 25 de marzo de 2008. [http://www.ub.es/geocrit/b3w-779.htm]. [ISSN 1138-9796].

PEREZ CONDE, José. *La construcción de la presa y el canal bajo del Alberche 1939-1950: La utilización de los prisioneros republicanos como mano de obra forzada en su construcción.* http://e-spacio.uned.es/fez/eserv/bibliuned:ETFSerieV-2013-25-7140/Documento.pdf

PEREZ-REVERTE, Arturo. *Línea de fuego.* Alfaguara.2020.

PORRINI, Rodolfo. *El movimiento sindical y la izquierda uruguaya ante la Guerra Civil / revolución española.* Montevideo: PIT-CNT - Instituto Cuesta Duarte [disponible en: http://www.cuestaduarte.org.uy/portal/]. 2013

PRESTON, Paul. *Arquitectos del terror: Franco y los artífices del odio.* Penguin Random House Grupo Editorial España, 2021

—*El zorro rojo. La vida de Santiago Carrillo.* Random House Grupo Editorial España, 2013.

—*La Guerra Civil española: reacción, revolución y venganza.* Random House Grupo Editorial España, edición 2010.

PUENTE FERNÁNDEZ, José Manuel. *Una ciudad bajo las bombas. Bombardeos y refugios antiaéreos en el Santander republicano (julio 1936-agosto 1937).* Librucos, Santander, 2011.

SANZ, Víctor. *La revolución malograda.* Nordan comunidad. 2006

SCHINCA, Milton. *Boulevard Sarandí. Memoria anecdótica de Montevideo.* Banda Oriental. 2003

SOLLA GUTIÉRREZ, Miguel Ángel. *La Guerra Civil en Cantabria: un conflicto desconocido.* Universidad de Cantabria. 2006

TRAPIELLO, Andrés. *Días y Noches*. Espasa. 2000

TROCHE, Pedro. "La vida breve de Luis Tuya", Revista Latitud 3035. 2000

—*Alma de pájaro. La vida de Luis Tuya, aviador en la Guerra del Chaco y en la Civil Española.*

VARGAS ALONSO, Francisco Manuel. *Euzkadi y el Norte republicano. Las Brigadas Asturianas y Santanderinas en el frente vasco.*

YANES TORRADO, Sergio; MARÍN SUÁREZ, Carlos; CANTABRANA CARASSOU, María. *Papeles de plomo. Los voluntarios uruguayos en la guerra de España*. Banda Oriental. 2017

ZUBILLAGA, Carlos. "El Centro Republicano español de Montevideo: entre la solidaridad y la realpolitik", *Migraciones y Exilios*, 2008.